아빠, 경영학이 뭐예요?

아빠, 경영학이 뭐예요?

제1판 제1쇄 발행 2012년 1월 5일
제1판 제4쇄 발행 2016년 2월15일

지은이 심윤섭
펴낸이 임용훈

기 획 서정 Agency (www.seojeongcg.com)
마케팅 양총희, 오미경
편집 전민호
디자인 '빔'
출 력 해성문화사
용 지 (주)정림지류
인 쇄 (주)미성아트
표지인쇄 예일정판
제 본 선명제본

펴낸곳 예문당
출판등록 1978년 1월 3일 제305-1978-000001호
주 소 서울시 동대문구 답십리2동 16번지 4호
전 화 02-2243-4333~4
팩 스 02-2243-4335
이메일 master@yemundang.com
블로그 www.yemundang.com
트위터 @yemundang

ISBN: 978-89-7001-553-8 43320

※ 이 도서의 국립중앙도서관 출판시도서목록(CIP)은 e-CIP홈페이지(http://www.nl.go.kr/ecip)와
국가자료공동목록시스템(http://www.nl.go.kr/kolisnet)에서 이용하실 수 있습니다.(CIP제어번호: CIP2011005556)

아빠가 들려주는 10대를 위한 경영 이야기

아빠, 경영학이 뭐예요?

심윤섭 | 지음

예문당

주요 등장인물 소개

미래

중학교 입학을 앞둔 여자아이.
아빠가 지어준 이름 '미래'는 미래를 스스로 경영하라는
의미를 담고 있다. 지적 호기심이 많아서 궁금한 것이
있으면 바로 질문하는 버릇이 있다. 존경하는 인물 1위
는 아빠다.

아빠

40대 중반의 경영자문회사 임원.
대기업에서 10년 넘게 근무하다가 퇴사하고 작은 회사를 차렸
으나 한 차례 실패를 맛본다. 이 일을 계기로 경영학 공부에
심취하여 경영자문회사에 들어가 컨설턴트로서 새로운 삶을
살고 있다. 경영 경험과 경영학 지식을 골고루 갖추고 있으며,
딸 '미래'와 대화 나누는 것을 무척 좋아한다.

엄마

40대 초반의 평범한 가정주부.
소녀 같은 감수성을 지녔으며 성격이 밝고 상냥하다.

7장_자기경영

머리말:
꿈을 이루고 싶다면, 경영학과 친해지자!

꿈을 이루고 싶다면, 경영학과 친해지세요.

경영학과 친해진다는 것은 여러분이 속한 가정, 학교, 사회 그리고 일상이 경영의 원리 속에서 움직인다는 점을 이해하는 것입니다. 그리고 여러분의 목표를 효과적으로 달성할 수 있도록 도와주는 경영학의 매력을 알게 되는 것이기도 하지요.

세상이 돌아가는 원리의 중심에는 경영이 있고, 우리는 경영을 이해하지 않고서는 세상의 중심에 설 수 없습니다. 기업을 움직이는 기업경영, 가정을 지탱하는 가정경영, 학교를 운영하는 학교경영, 자기 자신을 관리하는 자기경영까지 우리의 일상과 인생은 모두 경영과 연결되어 있답니다.

성적을 올리고 싶다, 원하는 학교에 진학하고 싶다, 성공하고 싶다, 스타가 되고 싶다 등 가까운 꿈에서 먼 미래의 꿈까지 여러분이 이루어내기 위해서는 무엇보다 경영의 원리를 이해하고 자기 자신을 효과적으로 경영해야 합니다.

일상 곳곳에 숨어 있는 경영의 원리를 이해한다면 여러분은 현실을 모르는 철부지 학생이 아니라 세상 돌아가는 원리를 이해하는 명석한 인재가 될 것입니다. 그리고 경영학의 기초지식은 여러분이 구체적인 목표와 꿈을 스스로 그려가며, 미래를 더욱 알차게 꾸려나갈 수 있도록 많은 도움을 줄 것입니다.

이 책에서 소개하는 다양한 경영의 원리와 기법 그리고 자기경영을 통해 성공적인 삶을 이끌어낸 사람들이 주는 교훈이 여러분 각자의 인생 경영에 큰 도움이 될 것이라고 믿습니다.

필자 또한 딸아이를 둔 아빠로서, 한 가정을 책임지고 있는 가장으로서, 그리고 조그마한 사업을 하는 경영자로서 온 정성을 쏟아 경영하겠다고 여러분에게 약속합니다.

여러분도 학생으로서, 아들과 딸로서, 미래의 주역으로서 자신을 효과적으로 경영하여 꿈을 향해 돌진하기 바랍니다.

심 윤 섭

1장
경영과
경영학

"떡볶이 가게도 삼성도 모두 경영을 하는 것이라고요?"

학원수업이 끝나고 미래가 정문을 나서자 기다리고 있던 아빠가 반갑게 인사를 한다.

미래야, 아빠 여기 있다! 오늘은 엄마 대신 아빠가 마중 나왔어.

와, 아빠! 우리 떡볶이 먹고 가요.

그러자. 그런데 너는 떡볶이가 질리지도 않니?

아무리 먹어도 안 질리는 게 바로 떡볶이랍니다.

하하하. 아빠가 맥주에 통닭이 안 질리는 것처럼 말이지?

히히. 맞아요. 딱 맞는 표현이에요.

여기 떡볶이하고 순대 1인분씩 주세요. 사장님, 요즘 사업이 아주 잘

되시는 것 같아 정말 보기 좋습니다.

덕분에 조금씩 나아지고 있습니다.

다행입니다. 사장님 실력이 워낙 뛰어나셔서 사업이 날로 번창하는
것 같습니다.

별말씀을요, 손님들이 찾아주시는 덕에 저는 그저 고마울 따름입니
다. 처음 할 때는 경험이 없어서 정말 고생을 많이 했습니다만 이제
는 그나마 나아졌습니다.

경영이 어디 쉬운가요? 그래도 이 정도로 자리 잡으신 걸 보니 삼성
도 부럽지 않겠는데요.

삼성이요? 아이고, 무슨 말씀을 그렇게……. 떡볶이 가게하고 삼성하
고 어디 비교가 되나요. 하하.

아닙니다. 이병철 회장도 처음에는 쌀가게에서 시작했는걸요. 사장
님도 머지않아 대한민국 분식업계를 주름잡으실 겁니다.

말씀만이라도 정말 고맙습니다. 여기 떡볶이하고 순대 1인분 나왔습
니다. 아, 그리고 어묵은 서비스입니다.

고맙습니다. 역시 사장님은 감각이 있으세요.

아빠, 왜 떡볶이 가게 아저씨한테 사장님이라고 하세요? 사장님은 회
사에 있는 사람 아닌가요?

그건, 사업을 책임지고 있는 사람이 사장이고, 사장은 경영하는 사람
이기 때문에 떡볶이 가게를 책임지고 경영하는 아저씨께 사장님이라
고 한 것이란다.

경영이요? 떡볶이 가게는 장사를 하는 것 아닌가요?

장사도 경영도 규모가 크고 작음의 차이일 뿐 원리는 모두 똑같단다.

아하, 그렇군요. 장사나 경영이나 원리는 결국 같은 거네요. 그런데 아빠, 경영이 정확히 어떤 뜻이죠?

우리 미래는 어떻게 생각하니?

아빠가 말씀하신 내용을 가만히 생각해보니, 경영이란 사업을 잘하는 것을 의미하나 봐요.

그래, 사실 경영이라는 단어에 대한 정의가 명확한 것은 아니야. 학자마다 그리고 경영현장에 있는 사람들마다 느끼는 바가 모두 다르지. 정리하자면 경영이란 사업을 어떻게 운영하는 것이 가장 효율적이고, 어떻게 해야 사업이 더 잘될지를 판단하는 것을 말해. 즉 목표를 효과적으로 달성할 수 있도록 최선의 의사결정을 하는 것이지.

그럼 아저씨가 어묵을 공짜로 주신 이유도 결국은 경영을 더 잘하기 위해서네요.

와, 우리 딸 보통이 아닌데? 떡볶이 가게 사장님의 마음도 읽을 줄 알고 말이야! 그런데 꼭 그런 것만은 아닐 거야. 서로 마음이 통했기 때문에 서비스도 주신 것 아닐까?

사실은 저도 그렇게 생각해요, 아빠. 히히.

경영(Management)이란?

- 한정된 자원을 활용하여 목표를 효과적으로 달성할 수 있도록 최선의 의사결정을 하는 것.

경영에 대한 학자들의 다양한 정의

- "조직을 구성하고 운영하는 것이며, 또한 의사결정이다." (C. I. 버나드)
- "공동의 목표를 위해 사람을 통합하는 것이다." (피터 드러커)
- "계획하고, 조직하고, 지시하고, 조정하고, 통제하는 작업." (앙리 파욜)

경영에 대한 경영자의 의미 있는 말

- "큰 사업을 하는 것이나 채소가게를 경영하는 것이나 원리는 똑같습니다. 고객을 만족시켜야 합니다. 만일 채소가게의 과일과 야채가 시들하다면 그 가게는 문을 닫아야 합니다."

        – 제너럴일렉트릭(GE)의 잭 웰치 전 회장

이보다 더 오래전에 삼성의 창업자 이병철 회장도 이런 말씀을 하셨습니다

- "나무 한 그루를 관리하는 것이나, 돼지 한 마리를 키우는 것이나, 회사를 경영하는 것이나 원리는 다를 바 없습니다. 나무 한 그루 관리하는 것이 결국 수십만 그루의 과수를 관리하는 것이며, 돼지 한 마리 관리하는 것이 결국 4~5만 마리의 가축을 관리하는 것과 같습니다."

        – 삼성의 설립자 이병철 전 회장

"경영학은 돈 버는 법을
알려주는 학문?"

"지금으로부터 7천여 년 전에 경영학은 이미 시작되었다."
– 다니엘 렌(Daniel Wren) 교수

아빠, 궁금한 것이 있어요.

그래, 뭐든 말해보렴.

떡볶이집 사장님이나 삼성이나 모두 경영을 하는 것이라고 하셨잖아
요.

그랬지.

그럼 경영학은 돈 버는 법, 장사 잘하는 법을 알려주는 학문인가요?

틀린 말은 아니야. 경영학에서 주로 다루는 것이 기업이고, 기업이
잘 운영되려면 당연히 장사를 잘해야겠지. 그리고 장사를 잘한다는
것은 돈을 많이 벌어들인다는 뜻이기도 해.

아빠. 그럼, 경영학은 주로 기업처럼 돈을 버는 단체에서 필요한 학

문이겠네요?

꼭 그렇지만은 않단다. 만일 네가 아프리카 구호단체의 책임자라면 장사를 할 필요가 있겠니?

아니요. 어려움에 처한 사람들에게 더 많은 도움을 주고 봉사하는 것이 우선이라고 생각해요.

그렇지. 이익이 목적이 아닌 단체라 하더라도 각각의 조직에는 목적이 있어. 조직이 나름의 목적을 달성하고 잘 유지되도록 도움을 주는 것이 경영학이란다.

아하! 그렇다면 떡볶이집 사장님이 돈을 더 많이 버시고 가게를 유지하시려면 경영학이 큰 도움이 되겠네요?

물론이지. 경영학은 장사를 하는 사람뿐만 아니라 개인의 일상과도 매우 밀접한 관련이 있거든. 우리는 모두 각자 나름의 경영을 하고 있는 것이란다.

저는 지금 아무런 경영도 하고 있지 않은데요?

가만히 생각해보렴. 너도 공부를 하는 나름의 이유와 목적이 있을 거야. 우리 미래는 목적을 달성하기 위해 하루하루를 어떻게 경영하고 있니?

글쎄요. 부끄럽지만……, 솔직히 제가 경영을 잘하는 것 같지는 않아요. 아무래도 경영학을 도입해서 하루를 좀 더 알차게 경영해야겠어요.

그래, 아빠 생각에도 우리 미래가 경영학을 일과에 적용한다면 좀 더 효과적으로 목적을 달성하고 하루를 보람차게 쓰지 않을까 싶구나.

예, 저도 앞으로는 알찬 하루를 위해 경영학을 적극적으로 배울게요. 아빠, 경영학에서는 주로 어떤 분야를 공부하나요?

조직이 목적을 효과적으로 달성하도록 도움을 주는 학문이다 보니 다양한 분야의 학문이 모두 필요하지. 경제학, 심리학, 사회학, 정치학, 인문학 등을 응용해 현장에 투입하고 결과를 얻어내는 종합응용학문이라고 할 수 있단다.

종합응용학문? 그건 엄마가 제일 잘하시잖아요!

그게 무슨 말이니?

엄마는 계산도 잘하시고, 아빠와 저의 마음도 쉽게 읽어내시고, 우리 식구 건강까지 잘 챙겨주시니까 엄마야말로 종합응용학문을 하시는 종합예술인 같아요.

종합예술인? 하하. 그래 우리 미래가 경영학을 잘 이해하고 있는 것 같구나. 게다가 엄마의 역할까지 확실히 알고 있네.

경영학(Business administration)이란?

- 경영에 대한 체계적인 연구를 하는 학문분야.
  경영을 과학적, 체계적으로 연구하여 조직이 목표를 효과적, 효율적으로
  달성할 수 있도록 도움을 주는 응용학문이자 통합학문이다.

경영학의 기원에 대한 다양한 견해

- BC 5천 년경 수마리아인이 정부조직과 상업 활동에 대한 관리를 한 기
  록이 있다고 주장하여 지금으로부터 7천여 년 전에 경영학이 이미 시작
  되었다고 보는 '다니엘 렌(Daniel Wren)' 교수의 견해에서부터 고대 이
  집트의 피라미드 축조, 중국 수나라의 토목공사 등 인류의 역사와 함께
  지속적으로 발달하여 왔다는 다양한 견해가 있다.

경영학의 꽃 MBA

- MBA는 경영학석사(Master of Business Administration)의 약자로 경
  영학의 꽃이라고도 불린다. 현재 많은 대학에서 MBA 과정을 개설하여
  경영현장에서 활용할 수 있는 다양한 사례와 응용방법을 소개하고 있다.

"사장님이 되는 것보다
경영이 더 어렵다?"

100년 이상 지속해온 장수기업은 우리나라에 단 3개뿐이다.
• 1위 두산 (1896년 창업)
• 2위 동화약품 (1897년 창업)
• 3위 몽고식품 (1905년 창업)

 아빠, 오늘 아침 신문에서 광고를 봤는데요. 궁금한 것이 있어요.

 그래, 광고 내용이 뭐였는데?

 '적은 비용으로 누구나 내 가게를 운영할 수 있는 사장님이 될 절호의 기회!' 라는 광고문구를 봤거든요. 정말 광고처럼 사장님이 되려면 적은 비용으로도 가능할까요?

 꼭 틀린 말은 아니란다. 광고의 내용대로라면 누구나 비용만 있으면 사장님이 될 수 있을 거야. 그런데 문제는 '얼마나 오랫동안 사장님이 될 수 있는가?' 겠지.

 그게 무슨 뜻이에요, 아빠?

 예를 하나 들어보자. 너 얼마 전에 길에서 돌아다니는 강아지를 여러 마리 봤다고 했지?

아, 유기견 말씀이세요? 네. 정말 너무 가여웠어요, 아빠.

그래, 주인을 잃고 돌아다니던 유기견을 한번 생각해보렴. 강아지를 잘 키우는 것을 경영이라고 했을 때. 너는 유기견의 주인이 경영을 제대로 했다고 생각하니?

절대 아니죠. 전부는 아니겠지만 유기견의 주인이었던 대부분의 사람은 쉽게 생각하고 강아지를 분양받았다가 중간에 이런저런 사정으로 포기하고 무책임하게 내다 버렸을 거예요.

사장님이 된다는 것도 마찬가지야. 장사가 되었건 규모가 큰 사업이 되었건 간에 시작하는 것보다 유지하기가 훨씬 어려워. 누구나 사장님 소리를 들을 수는 있지만, 그 소리를 계속 듣기란 생각보다 쉽지 않은 것이 현실이란다.

아하, 그만큼 경영을 잘하기 어렵다는 말씀이시죠?

그렇지, 우리 미래가 이제는 경영에 대해서 점점 감각이 생기는 걸?

아빠, 그렇다면 경영은 얼마만큼 힘든가요?

경영이 꼭 힘들고 어렵다는 생각으로 접근할 필요는 없지만 그래도 현실적으로 어떤지는 알아야 할 것 같구나. 미래는 우리나라에서 하루에 몇 명의 사장님들이 더는 사장님 소리를 못 듣는다고 생각하니?

글쎄요, 얼마 전 학원 옆에 있던 문방구가 문을 닫은 것 말고는 특별히 기억나는 것이 없네요. 하루를 기준으로 치자면 제 예상엔 아무리 많아도 30명 정도일 것 같아요.

그래, 아빠도 그 정도면 정말 좋겠구나. 하지만 실제로는 그보다 훨씬 더 많단다. 해마다 다르기는 하지만 사업을 포기하는 사장님이 하루에 무려 900명 정도나 돼.

하루에 900명이라고요? 아빠, 정말 사장님이 되는 것보다 경영이 훨씬 어렵다는 것을 실감했어요. 도대체 어떤 문제로 그렇게 많은 사람이 경영에 실패하는 거죠?

원인은 정말 다양하지만, 무엇보다도 이익을 내지 못하기 때문에 문제가 발생하는 경우가 대부분이란다. 쉽게 말해서, 돈을 벌어서 그 돈으로 사업을 유지하고 발전시키는 데 실패한 것이지. 돈은 사람으로 치자면 혈액과 같아서 사업을 해나가는데 결정적인 역할을 하거든.

사업을 성공적으로 하시는 사장님이 정말 대단한 분들이라는 것을 다시 한 번 느꼈어요. 그럼 아빠, TV나 신문에 나오는 대기업은 조그만 가게나 작은 회사보다 훨씬 더 경영을 잘하는 건가요?

물론 틀린 말은 아니지만, 대기업이라고 해서 모두 경영을 잘하는 것은 아니야. 실제로 1965년에 대한민국에서 100위 안에 들었던 기업 중 40년이 지난 후까지 생존해 있는 기업이 불과 16개밖에 안 됐단다. 대기업에서도 경영은 여전히 어려운 과제야.

놀라워요! 사장님이 되는 것보다 경영이 더 어렵다는 의미를 이제야 알겠어요. 학원 앞 떡볶이 가게 사장님도 아빠가 다니시는 회사의 사장님도 모두 엄청난 분들이라는 생각이 들어요.

그래, 사장님이 된다는 것은 신문광고에 나오는 것처럼 그렇게 쉬운 일이 아니란다. 우리 미래가 경영에 관심이 아주 많은 것을 보니 아빠는 정말 기쁘구나.

모두 아빠 덕분이에요. 히히.

우리나라에서 가장 장수하는 기업은?

- 1위 두산 (1896년 창업)
- 2위 동화약품 (1897년 창업)
- 3위 몽고식품 (1905년 창업)

※ 100년 이상 지속해온 장수기업은 우리나라에 단 3개뿐이다.

대한민국 소상공인의 현실 (출처: 기획재정부, 통계청 자료 2010년 8월)

- 2008.07~2010.06, 2년간 56만 9천 명의 자영업자 감소
- 2008.07~2009.06, 22만 9천 명(하루 627명) 사업포기
- 2009.07~2010.06, 34만 명 (하루 931.5명) 사업포기

소상공인 (출처: 기획재정부, 통계청 자료 2010년 8월)

- 상시근로자 5인~10인 미만 작은 규모의 사업자로서 2008년 기준 소상 공인 사업체 수는 약 267만 개로 우리나라의 총 사업체 대비 87.8%를 차지하고 있다. 또한, 소상공인 종사자 수는 5,195,000명으로 전체 근로자의 40%에 이른다. 쉽게 말해서 10개의 사업체 중 9개는 소상공인이며, 10명의 근로자 중 4명은 소상공인 종사자로 일하고 있는 것이다.

2장
기업의 목적과 책임

"돈을 벌지 못하면 기업이 아니라고요?"

세계에 가장 수익을 많이 내는 기업은?
가스프롬(Gazprom): 러시아의 에너지 회사로
전 세계 천연가스 생산량의 20%를 차지.

아빠, 갑자기 궁금한 게 생겼어요. 기업의 목적은 무엇이죠?

미래는 어떻게 생각하는데? 기업이 추구하는 목적이 무엇인 것 같니?

물건을 많이 팔아서 돈을 많이 벌고 회사를 더 크게 키우는 것이 아닐까요?

그리고 또 생각나는 다른 목적은 없어?

좋은 제품을 만들어서 사람들을 더욱 편하고 행복하게 해주는 것이요.

그래, 모두 옳은 말이다. 미래는 어느 쪽이 더 중요하다고 생각하니?

사람들을 더욱 행복하게 해주는 것이요. 광고나 신문기사를 보면 기업이 좋은 제품으로 즐거움을 주려고 노력하잖아요.

그럼, 기업은 왜 사람들에게 즐거움을 주려고 노력하지?

그야, 사람들이 즐겁고 기뻐야 그 물건을 더 살 테니까요.

물건을 더 사게 되면 기업에는 어떤 점이 좋을까?

당연히 돈을 더 많이 벌게 되겠죠.

그렇다면 좋은 제품을 만들고, 사람들에게 즐거움을 주고, 그래서 더 많은 물건을 팔게 되는 이 모든 과정의 결과는 결국 돈을 많이 버는 것이라고 할 수 있겠네?

그러네요. 아빠, 그럼 기업의 목적은 돈을 버는 것인가요?

기업의 목적은 실제로 매우 다양하단다. 미래가 말한 대로 좋은 제품을 만들고, 사람들에게 즐거움을 주는 것이 모두 해당한다고 할 수 있어. 하지만, 이 모든 것도 기업이 이익을 내지 못한다면 소용없지 않겠니? 기업의 목적 중 가장 중요한 것은 물건이나 서비스를 소비자에게 제공하고 그 대가로 이익을 남기는 '이익추구'란다.

아빠, 소비자를 친절하게 대하고 제품이 좋다고 선전하는 것이 소비자를 위한 일이 아니라 기업의 이익 때문이라는 생각을 하니 좀 실망스러운데요.

꼭 그렇게 생각할 필요는 없어. 하나 물어보자. 네가 아빠 구두를 닦아 주는 것은 아빠를 위해서니 아니면 용돈이 필요해서니?

음, 그건 사실 좀 대답하기가 곤란해요. 솔직히 말하면 용돈이 필요해서 닦아 드릴 때가 더 많거든요.

이거 참 실망스러운걸. 우리 미래가 아빠보다 용돈을 더 사랑하는가 보네.

아빠, 오해하지 마세요. 아빠도 사랑하지만, 용돈도 사랑하는 거예요. 용돈이 있어야 맛있는 것도 사 먹고 아빠 생신 때 선물도 드리죠. 모두 품위유지를 위해서 필요한 거라니까요.

하하하. 품위유지! 그것 참 마음에 드는 대답이구나. 기업이 이익을 추구하는 것도 마찬가지야. 네가 품위를 유지하듯 기업도 좋은 제품을 만들어 고객을 만족하게 하고 이익을 창출해서 기업을 계속 유지하는 것이 모두 필요해.

아, 그렇군요. 기업의 가장 대표적인 목적은 이익추구이고 이익이 발생해야 기업도 유지할 수 있다는 말씀이 이해가 가요. 그럼 이익을 만들어 내지 못하는 기업은 결국 사라지게 되겠네요.

그렇단다. 기업이 이익을 만들어 내는 것은 기업의 생존과 직결하거든. 좀 더 냉정하게 말하자면 돈을 벌지 못하는 기업은 기업이 아니야. 수익창출은 기업의 본분이자 목적이기 때문이지.

아빠, 기업이 이익을 추구하는 것이 정말 중요하다는 것은 잘 알겠는데요. 도대체 얼마만큼의 이익을 추구해야 하죠? 무조건 많이 벌면 벌수록 좋은 것인가요?

좋은 질문이야. 우리 그럼 그 질문에 대해서는 잠깐 음료수 한 잔 하면서 이야기해 볼까?

예, 아빠. 제가 시원한 주스 가져다 드릴게요!

우리나라에 가장 수익을 많이 내는 기업은?

- **1위: 삼성전자** (5조 142억 원, 2010년 2분기 실적기준)
  한국의 삼성전자는 전 세계에서 가장 수익을 많이 내는 기업순위에 2009년 기준 무려 32위에 해당한다. (2010년 포천 선정 Global 500)

우리나라에 가장 오랫동안 수익을 올린 기업은?

- **1위: 가온전선** (1947년 설립 이래 62년 연속흑자. 2010년 기준)
  가온전선의 흑자행진은 현재까지도 계속 진행 중이며, 우리나라의 기업 중 가장 오랜 기간 연속 흑자를 기록하고 있는 회사이다.

세계에 가장 수익을 많이 내는 기업은?

- **1위: 가스프롬** (29조 원, 2009년 실적 합계 기준)
  가스프롬(Gazprom)은 러시아의 에너지 회사로 전 세계 천연가스 생산량의 20%를 차지하고 있으며, 한 때 우리나라의 축구감독을 지냈던 아드보카트와 축구선수 김동진이 뛰었던 프로 축구팀 '제니트'의 후원기업이기도 하다.

"회사에도 착한 회사가 있고 못된 회사가 있나요?"

> "사회적 책임을 다하는 기업은 경쟁에서 우위에 설 수 있고
> 고객은 이런 기업을 더 많이 신뢰하게 될 것이다."
>
> — 톰 피터스(Tom Peters)

아빠, 여기 시원한 주스 한 잔 드세요.

그래 고맙다. 그런데 아까 우리가 어디까지 이야기를 했더라?

기업이 돈을 많이 벌면 벌수록 좋은 것인지 질문 드렸어요.

미래는 어떻게 생각하니? 만약 네가 어떤 기업의 대표라면 어떻게 판단할까?

저는 많이 벌면 벌수록 좋다고 봐요. 왜냐하면, 그래야 기업이 더 오랫동안 유지될 수 있기 때문이에요.

맞는 말이다. 기업은 이익을 내야만 회사를 유지하고 생존할 수 있지. 그런데 만약 기업이 소비자를 속이거나 사회에 피해를 주면서 수익을 내고 그 수익으로 회사를 유지하려고 한다면 사회는 어떻게 될까?

많은 사람이 고통 받고 사회에 큰 혼란이 올 것 같아요. 그런데 아빠, 실제로 그런 못된 회사가 있나요? 또, 착한 회사도 있고요?

물론이란다. 기업이 사회에 어떤 역할을 하고 어떤 영향을 미치는지에 따라 착한 기업, 못된 기업으로 나눌 수 있지. 너 혹시 몇 년 전에 문제가 됐던 중국의 멜라민 분유 기억나니?

아, 이상한 물질을 분유에 섞어서 그 분유를 먹고 자란 아이들의 머리가 엄청나게 커지고 결국 영양실조로 죽었던 끔찍한 사건이요? 당연히 기억나죠.

그런 회사가 바로 못된 회사란다. 기업은 이익추구라는 기본적인 목적이 있지만 올바른 방법으로 이익을 추구하고 사회에 대한 책임을 다해야해. 이것을 '기업의 사회적 책임' 이라고 말하지.

기업이 사회에 대한 책임을 다한다는 것은 구체적으로 어떤 책임을 진다는 거죠?

중요한 것 세 가지만 예를 들어보마. 먼저 기업은 운영을 잘해서 회사가 망하지 않게 해야 할 기업유지의 책임이 있단다. 회사가 망하면 직원이나 회사와 관련이 있는 많은 기업과 사람들이 힘들어지고, 망하는 회사가 늘어나면 국가 전체도 큰 혼란을 겪게 되기 때문이야. 그다음으로는 소비자에 대한 책임이 있다. 소비자가 원하는 제품을 만들어 기대에 부응해야 할 책임과 좀 전에 얘기했던 멜라민 분유의 경우에서 알 수 있듯이 정직한 제품을 만들어 판매해야 할 책임이 있단다. 마지막으로 지역사회에 대한 책임이다. 기업을 잘 운영해서 지역경제에 도움을 주어야 하고, 환경오염 물질을 배출한다거나 자원을 고갈시키는 일을 해서는 안 된단다.

기업의 사회에 대한 책임이 얼마나 중요한지 알겠어요. 만약 못된 회사가 많아진다면 우리는 뭐 하나 마음 놓고 살 수도 없고, 편하게 돌아다닐 수도 없고, 행복하게 생활할 수 없겠네요. 그러면 착한 회사는 주로 어떤 일을 하나요?

착한 회사는 사회적 책임을 성실하게 수행하는 회사를 말한단다. 회사를 잘 운영하면서 소비자에게 정직하고 지역사회에 도움을 주는 회사는 생각보다 많이 있어. 도움이 필요한 사람들을 찾아가 봉사를 하거나 소외계층에 재정적인 지원을 해주거나 사회에 필요한 시설을 만들거나 봉사단체를 후원하기도 한단다. 이렇게 사회적 책임을 다하고자 하는 기업은 점점 더 늘어나고 있지.

착한 회사가 점점 늘어난다고 하니 마음이 정말 따뜻해져요. 하지만, 이렇게 좋은 일을 많이 하다 보면 돈도 많이 쓰게 될텐데 그렇게 되면 회사로서는 손해가 아닐까요?

사회적 책임에 반드시 큰돈이 필요한 것은 아니야. 양심이나 도덕정신에는 돈이 필요 없지 않겠니? 돈을 지출하는 경우가 많아서 당장은 손해라고 생각할 수도 있겠지. 하지만 장기적으로 사회적 책임에 노력하는 기업은 좋은 평판과 사람들의 신임을 얻을 수 있기 때문에 기업을 유지하고 발전시키는 더 큰 혜택을 받을 수 있단다. 사회적 책임 경영컨설팅 기업인 콘 로퍼의 '기업 시민정신에 관한 보고서 (2002년)'를 보면 10명 중 8명 이상은 가격이 비슷하면 사회적 책임에 노력하는 기업의 제품을 선택하겠다는 대답을 했대.

저도 그렇게 할래요. 앞으로는 떡볶이를 사먹을 때 어떤 분식집이 사회적 책임을 다하는지 판단한 후 사먹을 거예요.

분식집은 어떤 방법으로 사회적 책임을 다할 수 있을까?

서비스로 떡볶이를 더 주는 가게는 학생들에게 도움을 주는 것이니까 사회적 책임을 다하는 거죠.

하하하! 녀석, 어째 꿈보다 해몽이 더 그럴듯한 것 같다?

히히. 농담 좀 해봤어요. 어쨌든 정말로 착한 회사의 제품을 더 사랑하기로 결심했어요. 그래야 모두가 행복해진다고 생각해요.

그래, 아주 좋은 생각을 했다. 착한 회사가 많아지면 그만큼 우리 사회가 더 행복해질 거라고 아빠 역시 믿는다.

기업의 사회적 책임 (CSR: Corporate Social Responsibility)

- 기업의 영향력이 날로 커지고 종업원, 주주, 소비자, 협력기업, 지역사회와 서로 긴밀하게 연결되어 있으므로 기업이 사회에 책임 있는 소임을 하고 사회공헌에 필요한 행동을 취해야 할 책임이다.

기업의 사회적 책임에 대한 상반된 견해

- 기업의 사회적 책임의 범위를 어디까지 볼 것인지에 대한 상반된 견해는 지금까지 계속 이어지고 있다. 회사를 잘 유지해 국가에 성실하게 세금을 내고 좋은 제품을 만들어 소비자에게 보답하는 것만으로도 충분하다고 보는 '고전적 견해'와 더욱더 적극적으로 사회에 봉사하고 공공의 이익을 증진하는데 이바지해야 한다는 '사회경제학적 견해'가 있다.

- "사회적으로 착한 일을 위해 기업이 하는 행위들은 상품의 원가를 끌어올리고 가격을 상승시키므로 주주의 이익을 줄이게 될 뿐이다."

  – 밀턴 프리드먼(Milton Friedman)

- "사회적 책임을 다하는 기업은 경쟁에서 우위에 설 수 있고 고객은 이런 기업을 더 많이 신뢰하게 될 것이다."

  – 톰 피터스(Tom Peters)

🔖 다양한 기업의 사회적 책임 사례

- **유한킴벌리** – '우리 강산 푸르게 푸르게'라는 나무 심기·숲 가꾸기 캠페인을 1984년부터 지금까지 지속적으로 펼치고 있다. 지금까지 국내에 500만 그루 이상의 나무를 심었고, 여의도 면적의 9배에 해당하는 크기의 숲을 조성했으며, 몽골과 북한 등 인접국가에 1,800만 그루의 나무를 심어 자연환경 개선에 노력하고 있다. (출처: 유한킴벌리 홈페이지)

- **허쉬(Hushey)** – 키세스 초콜릿으로 유명한 '허쉬'의 창업자 밀턴 허쉬는 1907년 그의 전 재산을 기부하여 밀턴허쉬스쿨을 설립하였다. 이 학교는 경제적 어려움, 배우고자 하는 열의, 도움이 필요한 정도를 기준으로 초중고교까지 무상교육을 시행하여 건강한 사회의 일원이 되도록 도움을 주고 있다.

- **포스코(POSCO)** – 매년 1천억 원 이상의 자금을 사회공헌에 투입하고 있다. 임직원의 90% 이상이 봉사활동에 참여하고 있으며 소외지역 봉사활동에서 다문화 가정 지원까지 다양한 형태의 봉사 및 사회공헌을 실천하고 있다. 2008년 잡코리아에서 대학생을 대상으로 설문조사를 한 결과 우리나라에서 사회적 책임을 가장 잘 수행할 것 같은 기업 1위에 선정되기도 했다.

"성공한 회사에는
존경받는 경영자가 있었네요!"

아빠, 기업의 목적이 이익을 추구하는 것이지만 사회적인 책임 또한 다해야 한다고 하셨잖아요.

그랬지.

그럼, 이익을 많이 만들어 내면서 사회적인 책임에도 적극적인 회사는 성공한 회사라고 할 수 있는 거죠?

물론이란다. 이익도 중요하지만 책임도 다하는 회사가 성공할 수 있고, 또 성공한 회사는 사회적인 책임에 앞장서야 한단다.

그런데 어떤 회사는 성공하고 어떤 회사는 실패하는 이유가 참 궁금해요. 저는 모든 회사가 많은 이익을 내면서도 사회적 책임을 다하는 세상이 왔으면 하는데 그건 현실적으로 어려운가 봐요.

안타깝지만 성공하는 기업이 있으면 반드시 실패하는 기업도 있기 마련이고, 앞에서 우리가 얘기 나누었던 것처럼 실패하는 경우가 훨씬 많단다. 그래서 경영이 어렵다는 거야.

그럼 성공하는 회사에는 어떤 공통점이 있나요?

많은 학자의 다양한 견해가 있고, 아빠 역시 나름의 의견을 갖고 있지. 공통된 하나의 특징을 골라내자면, 훌륭한 경영자가 있느냐 없느냐의 차이라고 할 수 있어.

경영자가 누구인지에 따라 기업의 성공과 실패가 결정된다는 말씀이시네요.

그렇지. 경영자가 가지고 있는 철학, 능력, 행위와 같은 리더십이 결국 기업의 성공에 매우 중요한 요소가 되거든.

잠깐만요, 아빠. 리더십은 뭐예요?

리더십이란 조직의 목표가 달성될 수 있도록 조직을 올바른 방향으로 이끌어가는 지도자로서의 능력을 말한단다. 예를 들어 이순신 장군은 왜군과 맞서 한 번도 패하지 않았고 결국 조선이 일본의 손에 넘어가는 것을 막아낸 훌륭한 리더십을 지닌 분이셨어. 반면에 독일의 아돌프 히틀러는 세계 2차 대전을 일으키고 6,000만 명의 소중한 생명이 사라지게 한 전범이었단다. 이순신 장군과 히틀러의 차이는 바로 리더십의 차이란다. 이해가 가니?

네, 머리에 쏙 들어와요. 지도자는 조직을 올바른 방향으로 이끄는 능력이 있어야 하고 그것이 바로 리더십이라는 말씀! 그럼 우리 집으로 치자면 집안이 행복하도록 노력하고 계시는 아빠가 리더십이 훌륭한 경영자인 거네요?

하하. 알아줘서 고맙다. 조직의 성패에 경영자의 리더십은 정말 중요하단다. 미래는 우리나라를 대표하는 경영자 하면 누가 떠오르니?

정주영 회장, 이병철 회장, 그리고 안철수 대표가 떠올라요.

그래. 그분들은 많은 사람이 기억하는 훌륭한 경영자가 맞지?

그럼요, 특히 정주영 회장과 이병철 회장은 옛날 분임에도 많은 사람이 좋아하잖아요. 사실 저도 그분들을 존경해요.

그럼 그분들이 세운 회사는 성공했니, 아니면 실패했니?

당연히 성공했죠. 그리고 지금도 성공적인 경영을 이어가고 있어요.

맞아. 성공한 회사에는 훌륭한 경영자가 있단다. 그리고 훌륭한 경영자는 그 사람이 지닌 철학, 능력, 행위와 같은 리더십에 의해서 판단할 수 있어. 말이 나온 김에 정주영 회장이 쌀가게 종업원이었을 때 이야기를 해보자. 그분이 일하던 곳은 복흥상회라는 쌀가게였는데 남들과는 좀 다른 종업원이었지.

어떻게 달랐는데요?

누구보다 일찍 나와 가게 앞마당을 청소하고, 항상 성실하게 긍정적으로 일했으며, 밤에는 다른 동료처럼 술을 마시거나 놀지 않고 책을 읽으며 보냈다고 해.

월급을 더 주는 것도 아닐 텐데 솔선수범을 하다니 엄청 열정적이셨네요.

그래, 바로 이런 태도에 복흥상회의 주인도 반했어. 그래서 자신의 외아들을 뒤로하고 돈 한 푼 없던 종업원인 정주영 회장에게 가게와 거래처를 모두 맡기게 돼.

와, 역시 성공한 사람들은 뭔가 다르군요.

그렇단다. 이런 정주영 회장의 철학, 능력, 행위는 현대라는 기업에 그대로 이어져 내려왔지. 그것이 바로 경영자의 리더십이 되어 기업의 성공과 실패를 좌우한단다.

아빠, 정주영 회장의 리더십을 볼 수 있는 대표적인 일화 있잖아요. 500원짜리 지폐를 보여주면서 차관을 얻어서 조선소를 짓고 배를 납품했던 이야기요. 그런 점이 바로 경영자의 리더십이고 기업의 성패를 좌우한다는 말씀이시죠?

우리 미래가 제법인데? 그래 바로 그런 이유 때문에 성공한 회사에는 훌륭한 경영자가 있다고 말하는 거야.

이제 성공적인 경영을 위해서는 경영자가 얼마나 중요한 역할을 하는지 알겠어요.

리더(Leader)

- 조직이나 단체를 이끌어가는 지위에 있는 사람. 우두머리, 지도자라고 한다.

리더십(Leadership)

- 조직의 목표를 달성할 수 있도록 조직을 올바른 방향으로 이끌어가는 지도자로서의 능력을 말한다.

구직자가 뽑은 가장 존경하는 CEO는? (출처: 2009년 11월 잡코리아)

- 1위 – 안철수 교수 (前 안철수 연구소 대표)
- 2위 – 이건희 회장 (現 삼성그룹 회장)
- 3위 – 정주영 회장 (故 현대그룹 회장)

3장
자본과 기업활동

"아빠, 회사 그만 다니시면 안 돼요?"

자본의 종류.
1.자본금 2.자본잉여금 3.자본조정 4.이익잉여금

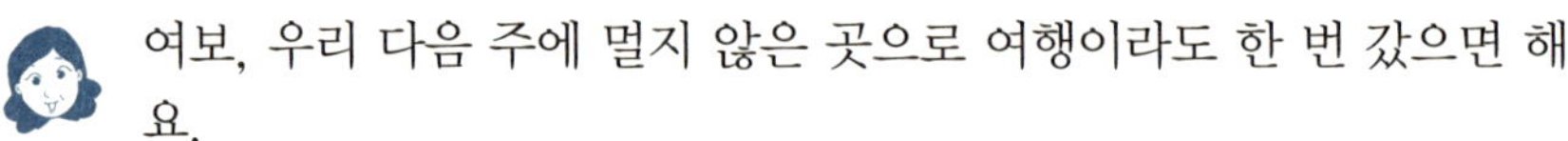

여보, 우리 다음 주에 멀지 않은 곳으로 여행이라도 한 번 갔으면 해요.

와, 아빠 그래요. 우리 여행가요!

이것 참 미안하게 됐네. 아빠가 이번 주까지는 회사에 큰일이 있어서 많이 바쁘거든. 그리고 다음 주에는 출장을 가야 하는데 이를 어쩌지……. 그다음 주에 가는 걸로 하면 어떨까?

당신 요즘 계속 바쁘다는 걸 깜박했네요. 급한 일 끝나면 그때 가는 걸로 해요.

고마워요, 이해해줘서. 바쁜 일 끝나면 머리도 식힐 겸 오랜만에 다녀옵시다. 우리 미래, 괜찮은 거지?

네, 저도 엄마 말씀에 동의해요. 다함께 가는 걸로 해요. 그런데 아빠

요즘 너무 바쁘셔서 건강이 걱정돼요. 이런 말씀 드리기는 뭐하지
만……

무슨 말인데 하다가 말아? 하고 싶은 말 있으면 편하게 해보렴.

아빠, 회사 그만 다니시면 안 돼요? 건강도 생각하셔야 하는데 너무
일만 하시는 것 같아서요.

아빠를 그렇게까지 걱정해줘서 정말 고맙구나. 그런데 아빠가 회사
를 안 다니면 우리 집 경영은 어떻게 하지?

우리 집 경영이요?

그래, 경영 말이다. 경영이 잘 되려면 자본이 있어야 하는데 아빠가
회사를 그만두면 자본은 어디서 구하지?

자본이요? 자본이 경영에 그렇게 중요한 역할을 하나요?

물론이지. 경영하기 위해서는 물적 자원과 인적 자원이 필요한데 그
중에서 물적 자원을 자본이라고 한단다. 자본이 있어야 경영을 할 수
있는 거야. 생각해보렴. 만약 네가 과일가게를 경영하기로 했다면 제
일 먼저 어떤 것이 필요할까?

먼저 과일이 있어야 하고, 가게도 있어야 하고, 저울, 냉장고 그리고
직원도 있어야 해요.

그럼 그런 준비를 하려면 뭐가 필요할까?

돈이 가장 필요하죠.

그래, 경영활동을 위해서는 반드시 돈이 필요하단다. 그래야 물건도
사고 가게도 사고 직원도 채용할 수 있거든. 이처럼 경영활동에 필요

한 물적 자원을 '자본'이라고 해.

그럼, 우리 집 경영도 역시 자본이 있어야 한다는 말씀이시네요?

그렇지. 우리가 밥을 먹고 학교에 가고 전기료를 내고 여행을 가는 이 모든 활동 역시 우리 집 경영활동의 한 부분이지. 그리고 경영활동을 하려면 반드시 자본이 있어야 해. 만약 자본이 없다면 슬픈 이야기지만 우리 집은 경영활동을 제대로 할 수 없을 것이고 결국 경영에 실패할 수도 있단다.

정말 자본이 중요하군요. 자본이 없으면 평소에 당연하게 생각했던 것도 할 수 없게 된다는 생각을 하니 자본이 경영에 얼마나 중요한 역할을 하는지 이해가 가요.

그래, 자본은 경영에 없어서는 안 될 절대적인 것이야.

아빠, 그럼 아까 제가 한 말 취소할래요.

이거 괜히 아빠가 자본에 대해서 설명해준 것 같네. 아빠는 아빠 건강을 걱정해주는 딸이 더 좋은데…….

우리 집 경영을 위해 건강하게 오래오래 회사에 다니세요. 그러면 되겠죠, 아빠?

하하하, 그래. 그렇게 하면 되겠구나.

자원의 종류

1. 물적 자원

자본(Capital)을 말한다. 경영하기 위해서 필요한 돈을 뜻한다. 기계를 사고, 건물을 임대하고, 재료를 구매하고, 직원 월급을 주기 위해서는 자본이 반드시 필요하기 때문에 경영에 자본은 절대적인 요소이다.

2. 인적 자원

사람을 말한다. 아무리 돈이 많고 여건이 좋다고 하더라도 좋은 인재가 없으면 경영을 제대로 할 수 없다. 훌륭한 인재가 경쟁력의 원천이 되기 때문에 경영에 필요한 자원으로 사람 또한 절대적인 요소이다.

자본의 종류

• 자본도 종류가 다양하다. 다소 생소하고 어렵지만, 자본의 종류에는 어떤 것이 있는지 살펴보자.

① 자본금

기업의 소유자 또는 소유자라고 생각되는 자가 사업의 밑천으로 기업에 제공한 금액.

② 자본잉여금

주주와의 거래에서 발생하여 자본을 증가시키는 잉여금.

③ 자본조정

자본금이나 자본잉여금으로 분류할 수 없는 임시적인 자본항목.

④ 이익잉여금

기업의 영업활동으로 발생한 이익이며 기업 내부에 남아 있는 금액.

"회사는 주로 어떤 일을 하는 곳인가요?"

기업이 주로 하는 일은?
1. 제품판매 2. 서비스 제공 3. 고객 만족 4. 기술선도 5. 자원선점

아빠, 회사 다녀오셨어요?

그래. 우리 미래는 오늘 하루 어땠니?

오늘 중간고사가 끝나서 친구들하고 맛있는 것도 사먹고 마음이 조금은 홀가분해졌어요.

시험 보느라 수고 많았다. 아빠는 미래가 열심히 하는 모습이 참 보기 좋구나.

아빠가 회사에서 일하시는 것에 비하면 저는 별로 힘들지 않아요.

허허, 말만 들어도 힘이 나는데?

아빠, 궁금한 것이 있어요. 아빠가 회사에 다니시는 목적 중의 하나가 우리 집 경영을 위해 필요한 자본을 얻기 위해서라고 하셨잖아요.

그랬지. 자본이 중요하다는 말을 했지.

그러면 회사는 어떤 활동을 하면서 돈을 버는 거죠? 물건만 잘 팔면 되는지 아니면 다양한 활동이 있는 건지 사실 제대로 감이 오질 않아요.

기업이 이윤을 추구하는 활동에 대해서 궁금한 것이로구나. 기업이 어떤 활동을 하면서 이익을 추구하고 목적을 달성하는지 살펴보자. 가장 대표적인 것은 제품과 서비스를 소비자에게 직접 제공함으로써 얻는 이익을 들 수 있어. 50원을 들여서 생산한 제품을 소비자에게 100원에 판매한다면 그만큼 이익이 남지 않겠니?

네, 제가 보기에도 기업의 가장 대표적인 활동은 제품을 판매하는 것이에요.

그다음으로는 서비스를 제공하는 것이란다. 만일 누군가 당장 급한 돈이 필요할 때 빌려주고 나중에 이자와 함께 받는다면 그것은 서비스를 제공하고 대가를 받는 것이라고 할 수 있지.

그럼, 서비스를 제공하고 대가로 이익을 추구하는 것도 하나의 방법이군요.

그렇지. 은행처럼 금융서비스를 제공하는 곳이 대표적이라고 할 수 있어.

또 어떤 활동이 있나요?

제품과 서비스를 제공하는 것이 가장 대표적이긴 하지만 이 외에도 매우 다양한 방법이 있단다. 예를 들면, 남들이 만들 수 없는 제품을 발명해서 독보적인 위치에 오르는 방법이야. 이러면 누구도 흉내 내지 못하기 때문에 독점적인 지위와 이익을 보장받을 수 있지. 전기자동차나 원자력 발전소를 건설하는 기술 등이 그렇단다. 세계에서 단

몇 개의 기업만이 이런 기술을 가지고 있거든.

와, 정말 그렇겠네요.

또 자원을 확보함으로써 얻게 되는 이익도 있단다. 석유나 천연가스를 공급하는 기업은 자원을 확보함으로써 엄청난 이익을 얻고 있어, 중동이나 러시아에 있는 석유와 천연가스 공급 기업은 세계적으로도 몇 손가락 안에 꼽힐 만큼 큰 회사야.

이런 기업은 정말 엄청난 이익을 얻겠는데요?

이 외에도 문화적인 차별성을 통해 이익을 추구하기도 해. 세계적으로 흥행 돌풍을 일으키는 영화나 유명 오케스트라 등이 모두 문화 사업을 통해 이익을 추구하고 있지. 실제로 영화 하나가 벌어들이는 수익이 웬만한 대기업의 일 년 치 이익에 버금가기도 하거든.

점점 놀랍기만 하네요.

또, 고객 만족을 극대화함으로써 이익을 추구하는 기업도 있어. 만일 너라면 즐거운 표정으로 웃는 가게와 불친절하고 쌀쌀맞은 상점 중 어느 곳을 다시 찾아가겠니?

당연히 즐거운 표정으로 웃는 가게죠. 불친절한 가게는 정말 딱 질색이거든요.

그래, 바로 그런 고객만족도의 차이가 기업의 이익을 좌우한단다. 비슷한 물건을 팔더라도 고객이 만족하는 회사는 이익을 더 얻을 수 있지. 실제로 미국의 월마트라는 곳에서는 '종업원이 웃지 않으면 앞주머니에 꽂혀 있는 1달러 지폐를 가져가세요' 라는 캠페인을 했었단다. 고객의 만족도는 대단했었고 월마트는 현재 미국에서 가장 성공한 마트 중 하나야.

기업이 이익을 추구하는 방법이 이렇게 다양한 줄은 미처 몰랐어요.

그래, 기업이 이익을 얻으려는 방법은 정말로 다양해. 제품이나 서비스를 소비자에게 제공하는 것에서부터 아주 세밀한 부분까지 우리의 일상생활 곳곳에 기업의 활동이 함께하고 있다고 해도 과언이 아니란다.

기업이 주로 하는 일은?

• 기업이 어떤 분야에서 활약하고 있는지에 따라 일은 천차만별이다. 그러나 기업이 주로 하는 일의 목적은 이익을 추구하는 것이며 이익을 추구하기 위해 기업이 하는 활동은 대략 다음과 같다.

1. 제품판매

이윤을 얹어 제품을 소비자에게 판매함으로써 이익을 남기는 것이 가장 전통적인 방법이다. 50원짜리 물건을 100원에 판매함으로써 50원의 이익을 얻는 원리이다.

2. 서비스 제공

물건처럼 실물이 아닌 서비스를 제공함으로써 이익을 얻는 것을 말한다. 은행이 대표적인 경우다. 다른 은행 송금이나 환전을 할 때 은행은 서비스를 제공하고 그 대가로 수수료를 받는다. 이 외에 변호사의 법률 서비스, 경영컨설턴트의 자문서비스, 통신회사의 통화서비스, 인터넷 회사의 접속서비스 등이 모두 서비스를 제공함으로써 이익을 얻는 방법이다.

3. 고객 만족

아무리 좋은 제품과 괜찮은 서비스라 할지라도 고객이 만족하지 못하면 다시 찾지 않는다. 그러므로 고객 만족을 이끌어 냄으로써 더 많은 제품과 서비스를 제공하고 더 큰 이익을 얻고자 하는 기업의 노력은 계속되고 있다.

4. 기술선도

독보적인 기술을 보유함으로써 이익을 추구하는 방법이다. 한국의 휴대전화 제조업체들이 미국의 퀄컴(Qualcomm)사가 보유한 CDMA 기술을 사용하는 대가로 지급한 사용료가 1995년부터 2008년까지 5조 원이었다고 한다. (출처: 2008 국정감사 자료)

5. 자원선점

자원이 있는 기업은 막대한 이익을 추구할 수 있다. 최근 우리나라도 남미와 동남아 국가의 자원을 개발해주고 그 대가로 자원을 가져오는 방법을 통해 막대한 부를 챙기고 있다.

"주식회사는 뭐고 개인사업자는 뭐예요?"

세계에서 가장 부자인 개인기업가는?
이케아(IKEA)의 소유자 '잉그바르 캄프라드'는
개인 재산이 약 28조 원으로 세계 4위의 갑부.

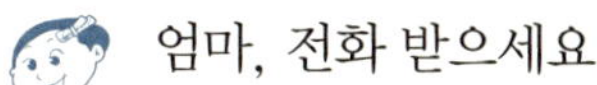

엄마, 전화 받으세요!

그래. 잠깐만, 누구 전화니?

대전에서 큰이모 전화예요.

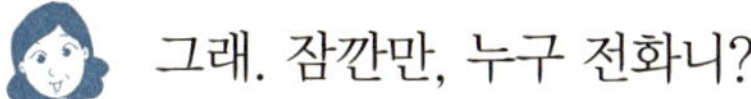

요즘 사업이 커져서 많이 바쁠 텐데 오랜만에 전화를 다 했구나.

큰이모 사업하세요? 그럼 경영을 하시는 거네요!

그렇지. 처음에는 고생을 좀 했지만, 지금은 대전에서 알아주는 성공한 개인사업자란다.

와, 큰이모 멋져요! 그런데 개인사업자는 뭔가요?

개인의 자본으로 개인이 경영하고 지배하는 개인 소유의 기업을 말한단다.

아, 그럼 학원 앞 떡볶이 가게 사장님이 개인사업자시겠네요.

그럴 확률이 높지. 자본 규모나 가게의 크기가 크지 않은 것으로 봐서 주식회사는 아니고 개인사업자이실 거야.

개인기업은 규모가 좀 작은 경우가 많아요?

절대적인 것은 아니지만 대부분은 그렇단다.

그럼 주식회사는요? 그건 또 뭐죠?

주식회사란 한 사람이 소유한 개인기업과 달리 여러 명의 사람이 자신이 투자한 자본만큼 주식을 보유하게 됨으로써 회사를 공동 소유하는 것을 말한단다. 자본규모가 큰 기업이 주로 주식회사라고 보면 돼.

여러 사람이 회사를 함께 소유하는 것이 가능하군요!

물론이란다. 주식을 보유한 사람을 주주라고 하는데, 주주의 수가 결국 회사를 소유한 사람의 수가 되는 거야. 주주가 100명이면 100명의 사람이 회사를 공동소유하고 있는 셈이지.

개인이 혼자 소유하지 않고 여러 사람이 기업을 나누어서 소유하는 것이 기업과 투자자 모두에게 좋은 점이 있나요? 있다면 어떤 것이죠?

양쪽 모두에게 좋은 점이 있지. 기업이 경영에 필요한 자본을 구하고자 할 때 기업은 주식을 발행하고 이 주식을 투자자들이 구매함으로써 기업 입장에서는 이자를 내지 않고도 자본을 조달할 수 있고 투자자로서는 회사의 경영실적에 따라 보유한 주식만큼의 이익을 나눠

가질 수 있거든.

와, 양쪽 모두에게 정말 좋네요. ‘누이 좋고 매부 좋고’ 라는 속담이 이런데 쓰이는 거 맞죠?

하하하. 그래 적절한 표현이구나.

하지만 아빠, 경영이 잘되지 않아서 회사가 힘들어지면 주식을 소유하고 있는 사람도 손해를 보게 되지 않을까요?

그래서 주주들은 자신이 투자한 회사의 현재 주가와 미래의 가능성을 살펴보고 주식을 계속 보유할 것인지, 더 늘릴 것인지 아니면 주식을 남에게 팔아서 원래 투자했던 자본을 회수할 것인지를 결정해. 이렇게 주식을 사고파는 것을 주식거래라고 한단다.

아하, 그래서 매일 뉴스와 신문에서 주식가격을 계속 알려주고 분석을 하는 것이군요.

그렇지. 우리 미래가 관찰력이 뛰어난데? 사람들이 주식을 사고팔면서 거래가 이루어지고 주식의 거래량이나 기업의 실적에 따라서 주식의 가격은 계속해서 들쭉날쭉하게 된단다.

회사를 소유한다는 것이 절대 만만하지 않네요.

경영은 의사결정을 잘하는 것이라고 했지? 그만큼 경영에 참여하는 주주도 의사결정을 잘해야만 한단다. 자본의 규모에 따라 개인기업과 주식회사가 나뉘는 것이지, 경영이 쉽고 어렵고의 차이는 아니거든.

네, 맞는 말씀이세요.

개인기업(Private enterprise)

- 소요자본의 전부 또는 대부분을 한 개인이 출자하고, 개인이 지배하는 기업으로 자본운영과 경영에 대한 책임 또한 전적으로 한 개인이 지는 기업.

세계에서 가장 부자인 개인기업가는?

(출처: 'Forbes 'The World's Billionaires' 2006)

- 개인기업은 자본이나 회사의 규모가 작은 것이 보편적이지만 세계최대의 가구회사인 스웨덴의 이케아(IKEA)는 매년 16조 원의 엄청난 매출을 올리는 거대한 개인기업이다.
이케아(IKEA)의 소유자 '잉그바르 캄프라드'는 개인 재산이 약 28조 원으로 세계 4위의 갑부에 올라 있다. 근검절약이 몸에 배어 있어서 10년이 넘는 자동차를 타고 다니며, 슈퍼마켓은 세일 기간에만 가고, 호텔 미니바에서 비싼 콜라를 마신 후에는 근처의 가게에서 똑같은 것을 사서 다시 채워 넣었다는 일화도 있다. 자선단체인 유니세프에 세계에서 가장 많은 후원금을 기부하는 자선가 중 한 명이기도 하다.

주식회사(Company limited by shares)

- 주식(증권)의 발행으로 설립된 회사. 개인기업과 달리 여러 명의 사람이 자신이 투자한 자본만큼 주식을 보유하게 됨으로써 회사를 공동 소유하는 기업형태.
회사 이름 뒤에 ***(주), 주식회사 ***라고 표기하기 때문에 주식회사인지 아닌지를 쉽게 알 수 있다.

주주(Stock holder)

- 기업이 발행한 주식을 소유한 자로서 기업의 소유주를 말한다.

대주주

- 주식회사에서 대다수 주식을 소유하고 있는 주주. 보통 회사의 경영권을 지배하고 있는 경우가 많다.

개미투자자

- 개인투자자를 의미한다. 주식보유 금액이 적고 개인적으로 판단해서 주식을 사고팔며 이익을 추구하는 투자자이다. 주식을 전문적으로 사들이고 매도하는 기관이 아니고서는 대다수의 사람이 개미투자자이며 정보가 부족하고 전문성이 떨어지는 관계로 많은 개미투자자가 주식거래에서 손해를 보고 있다.

"회사도 물건처럼 사고판다?"

'인수' 는 하나의 기업이 다른 기업의 경영권을 얻는 것이고,
'합병' 은 둘 이상의 기업이 하나의 기업으로 합쳐지는 것이다.

(한참 신문을 읽다가) 결국 이 회사가 팔렸구나.

회사가 팔려요? 회사도 물건처럼 사고, 팔 수 있나요?

물론이지. 물건이랑 똑같지는 않지만 비슷한 방법으로 사고, 팔 수
있단다.

회사가 팔리면 기존의 기업은 어떻게 되나요? 완전히 없어져요?

완전히 사라지기도 하고 새로운 이름으로 다시 태어나기도해. 이런
걸 인수와 합병이라고 하고 영어로는 M&A라고 부른단다.

인수와 합병이요?

응, 상대 기업의 주식이나 자산을 취득해서 경영권을 가져오는 것을
인수라고 하거든. 돈을 주고 상대 회사를 사면서 그 회사의 경영권을

얻는 것이지. 또, 두 개의 회사가 합쳐져서 하나의 기업이 되는 것을 합병이라고 한단다.

그럼, 회사를 인수하거나 합병을 함으로써 얻게 되는 이익이 뭐죠?

기업이 나름의 목적을 효과적으로 달성하기 위해서는 경영을 잘해야 한다는 것은 알지?

당연하죠.

인수와 합병의 가장 중요한 목적 또한 경영을 잘하기 위해서야. 인수와 합병을 통해 기업은 빠르게 성장할 수 있고 그로 말미암아 더 큰 이익을 얻을 수 있다는 이점이 있단다. 만일 네가 10년 동안 고생해서 일 년에 1억 원을 버는 회사를 만들었는데, 일 년에 3억 원을 버는 회사를 인수하거나 합병한다면 어떻게 될까?

우선 일 년에 4억 원을 벌 수 있겠네요. 그리고 4억 원을 벌기까지의 시간을 엄청나게 단축할 수 있겠죠.

빙고! 단순한 계산법이지만 10년이 걸려 1억 원을 버는 회사를 만들었으니 3억 원을 더 벌려면 30년을 또 투자해야겠지. 그런데 3억 원을 버는 회사를 인수하거나 합병한다면 이익도 증가하고 시간도 절약할 수 있는 거야. 그런 이유에서 인수와 합병을 하는 것이지.

인수와 합병이 기업 성장에 큰 역할을 하네요. 그럼 대부분의 회사가 인수와 합병을 통해서 기업을 빠르게 성장시킬 수 있지 않을까요?

꼭 그렇지만은 않은 것이 현실이란다. 두 낯선 사람이 만나 함께 지내다 보면 친해지기도 하지만 반대로 더 서먹서먹해지기도 하는 것처럼 기업의 인수와 합병에도 이런 변수가 있단다.

기업이 사람은 아니잖아요? 그런데도 사람의 관계와 비슷한 현상이 일어난다는 것이 신기해요.

사실 알고 보면 기업도 사람들로 구성되어 있잖니. 제품을 생산하고 판매하고 회사를 운영하는 주체는 사람이니까. 그래서 두 회사가 합쳐지면 더 좋은 효과가 나오기도 하지만 충돌이 일어나거나 사람들의 의욕이 크게 떨어져 예전만 못한 역효과를 내기도 하거든.

그렇군요. 두 회사가 합쳐지면 사람들도 합쳐지니까 그런 문제가 발생할 수 있겠네요.

또, 무리하게 회사를 인수해서 자금난에 빠지기도 하고 두 회사가 만드는 제품이 서로 너무 유사해서 큰 효과를 얻지 못하는 예도 있어.

인수와 합병은 기업이 빠르게 성장하는 좋은 방법이지만 한 편으로는 성장에 별 도움이 안 되는 위험도 있다는 말씀이네요.

그래. 하지만 이러한 위험이 있음에도 효과가 더 크기 때문에 아직도 많은 기업은 인수와 합병에 적극적으로 나서고 있고 규모가 점점 커지고 있단다.

아빠, 저도 인수와 합병을 하고 싶을 때가 있어요.

어떤 경우에 그러니?

우리 반에서 영어 제일 잘하는 영희를 인수하고 수학을 가장 잘하는 혜영이와 합병하면 제 성적이 엄청나게 오를 것 같아요.

하하하! 그런데 아빠 생각에는 실패할 것 같구나. 네 친구가 너하고 인수합병 안 하려고 하면 방법이 없잖아. 미래가 스스로 성장하는 길을 택하길 바란다.

히히. 아무래도 그래야겠어요.

📋 인수 · 합병(M&A, Mergers and acquisitions)

- '인수'는 하나의 기업이 다른 기업의 경영권을 얻는 것이고, '합병'은 둘 이상의 기업이 하나의 기업으로 합쳐지는 것이다.

📋 우리나라 인수 · 합병의 성공사례

- 롯데그룹은 2002년 미도파 인수를 시작으로 우리홈쇼핑, 대한화재, 처음처럼(소주), 길리안(벨기에 초콜릿 회사), GS마트 등을 인수하여 성공적인 운영을 하고 있으며 2011년 자산총액 77조 3천여억 원으로 대한민국 재계순위 5위에 올라섰다. (출처: 공정거래위원회)

📋 인수 · 합병의 실패사례

- 독일의 명차 중 하나인 벤츠를 만드는 다임러는 미국의 자동차 회사 크라이슬러를 1998년 400억 달러에 인수했다. 그러나 두 회사의 구성원들은 일하는 방식과 문화적인 차이점 등 다양한 이질감에 부딪혔고, 결국 재매각에 나서 2007년 겨우 60억 달러에 매각했다. 처음 인수했을 당시보다 85%의 손해를 본 것이다. (출처: Wikipedia, the free encyclopedia)

📋 인수 · 합병을 통해 가장 성공한 회사는?

- IT 장비기업 '시스코(Cisco)'가 대표적인 회사다.
1995년 매출규모가 12억 달러였지만 공격적인 인수 · 합병을 통해 70개가 넘는 기업을 인수 · 합병하는 데 성공하며 2005년 매출규모 258억 달러로 20배가 넘는 놀랄만한 성장을 이루었다.
인수 · 합병의 귀재라고 불리는 존 챔버스 회장이 지휘하는 시스코는 인수합병을 통해 기업을 빠르게 성장시키고 안정적으로 궤도에 올려놓은 세계에서 가장 성공한 회사 중 하나다. (출처: 휴넷, '조영탁의 CEO의 리더십 탐구' 공개 자료)

4장
브랜드와
마케팅

"너는 왜 나이키 신발을 샀니?"

아빠가 퇴근하고 집에 돌아와 보니 미래가 신발을 자랑하며 엄마와 이야기를 나누고 있다.

아빠, 다녀오셨어요?

그래. 우리 미래가 오늘 무슨 기분 좋은 일이 있었나 보네?

예, 제가 그동안 모아둔 용돈으로 마음에 드는 운동화를 하나 샀어요. 얼마나 갖고 싶었는지 몰라요.

어디 한 번 보자. 다른 운동화랑 큰 차이는 없는 것 같은데 가격은 얼마나 하니?

이게 얼마나 특별한 운동화인데요. 가격은 좀 비싸도 다른 운동화하고는 차원이 달라요.

말도 말아요. 이 운동화 사느라고 오늘 3시간을 헤매고 다녔답니다. 매장 점원이 더 싸고 좋은 다른 운동화를 추천했는데 한사코 이걸 사겠다고 온 동네를 헤매고 다녔어요.

에이, 엄마. 그래도 제가 모은 용돈으로 어쩌다 한 번 그런 것이니 너그럽게 이해해주세요.

그동안 고생해서 모은 돈으로 마음에 드는 물건을 샀다고 하니 아빠도 기분이 좋구나. 그런데 하나만 물어보자. 너는 왜 나이키 운동화를 샀니?

멋지잖아요. 친구들도 모두 좋다고 하고 TV에도 자주 나오니까요. 그리고 무엇보다도 제가 좋아하는 축구선수가 이 운동화를 신은 모습을 봤거든요.

그럼 넌, 나이키라는 회사의 마케팅에 의해서 구매를 하게 된 것이구나.

마케팅이요? 그게 정확히 어떤 뜻인지는 몰라도 저는 제가 결정해서 이 운동화를 산 거예요.

물론 맞는 말이야. 하지만, 네가 그 제품을 선택하기까지는 너도 모르는 신발회사의 상당한 마케팅 작업이 있었단다.

정말요? 그럼 마케팅은 물건을 판매하기 위해 판매자가 소비자를 유혹하는 것인가요?

와, 이해력이 놀라운데? 마케팅은 판매자가 소비자에게 제품과 서비스를 전달하기 위해 벌이는 모든 활동을 말해. 마케팅의 대가인 필립 코틀러는 '마케팅이란 물건이 스스로 팔리게 하는 행위'라고 말했어. 그러니까 네가 이 운동화를 스스로 선택하도록 회사가 펼치는 TV나 신문을 활용한 광고, 유명스타에게 같은 옷이나 신발을 입히는 스타

마케팅, 각종 세일행사 등이 모두 포함된단다.

와, 신발 하나 파는데 그렇게 많은 마케팅이 숨어 있는지 몰랐어요. 물건이 스스로 팔리게 하는 행위가 마케팅이라고 하셨는데 그게 정확히 어떤 의미인 거죠?

아까 들어보니 판매사원이 다른 제품을 권했는데도 너는 한사코 나이키를 고집했다고 했잖니?

네, 맞아요. 저는 이 운동화를 꼭 사고 싶었거든요. 그래서 누가 설득해도 절대로 안 넘어갈 자신이 있었어요.

하하, 바로 그거야. 누가 권해서 사는 것이 아니라 스스로 사지 않고는 못 배기게 하는 것. 그것이 바로 마케팅의 매력이란다.

정말 마케팅의 힘이 대단하다는 걸 느껴요. 그런데 아빠, 생각해보니 제가 너무 유혹에 약한 사람이 아닌가 하는 생각이 들어요.

아니야. 아빠가 보기엔 미래가 오히려 마케팅에 아주 강한 사람이란다.

제가 마케팅에 강하다고요? 왜요, 아빠?

미래는 아빠가 어쩔 수 없이 용돈을 주게끔 마케팅을 잘하잖니?

히히. 그런가요? 그럼 제가 가정용 마케팅의 대가네요?

그래, 우리 미래가 오늘부터 홈 마케팅 전도사다! 하하하!

📇 마케팅 (Marketing)

- 사전적 의미로 마케팅이란 '생산자가 상품 또는 서비스를 소비자에게 유통하는 데 관련한 모든 체계적 경영활동'을 말한다.
  미국 마케팅협회(A.M.A)의 정의에 의하면 '마케팅이란 생산자로부터 소비자 또는 사용자에게 상품과 서비스의 전달을 관리하는 기업 활동의 수행'을 의미한다.

📇 마케팅 4P

- 마케팅의 핵심이 되는 요소로 제품(product), 가격(price), 유통(place), 촉진(promotion)을 말한다.

제품(product)	기업이 소비자에게 제공하는 제품, 서비스, 아이디어 등을 말한다.
가격(price)	소비자가 제품을 구매하는 대가로 지급하는 금액.
유통(place)	제품이나 서비스가 소비자에게 전달되는 과정이나 경로.
촉진(promotion)	활발한 판매를 위해 제품과 서비스에 대한 정보와 이미지를 소비자에게 알리고 판매를 유도하는 것.

"오백만 원짜리 핸드백을 도대체 왜 사는 거죠?"

브랜드의 어원은?
노르웨이어 brandr(브랜드르: 불로 지지다)에서
유래했다는 것이 가장 일반적인 설이다.

우리 미래가 오늘은 표정이 별로구나. 무슨 일이 있었니?

아빠, 제 친구 중에 수영이라고 아시죠?

알다마다. 저기 윗동네에 살지 않니? 그런데 수영이는 갑자기 왜?

글쎄, 수영이가 명품 청바지라면서 학원에 입고 와서는 은근히 자랑을 하는 거 있죠?

그냥 애교로 생각하지 그랬어.

처음에는 그렇게 생각 했어요. 그런데 자꾸 명품이라고 하기에 가격이 얼마냐고 물어봤더니 세상에 청바지가 무려 70만 원이나 한다는 거예요!

미래야, 그 정도는 아무것도 아니란다. 어떤 핸드백은 500만 원이나 한다더라.

뭐라고요? 아니, 500만 원짜리 핸드백을 도대체 왜 사는 거죠?

우리 미래가 충격이 좀 컸구나. 그런데 충격을 받기에는 아직 일러. 자동차 중에는 10억이 넘는 것도 있고, 한 잔에 4만 원짜리 하는 커피도 있단다.

아빠, 솔직히 저는 이해가 안 가요. 황금이 박힌 것도 아닌데, 사람들은 왜 비싼 가격을 알면서도 명품을 사는 거죠?

그건 바로 브랜드의 가치 때문이지. 브랜드의 가치는 제품의 질이나 성능보다 훨씬 큰 영향력이 있단다. 같은 기능을 하는 제품이라 하더라도 브랜드에 따라 가치가 다르게 매겨지고 가격도 천차만별로 달라지거든.

브랜드가 가치라는 것은 알겠지만 그래도 명품과 일반제품의 차이가 너무 큰 것 같아요. 사람들이 명품을 사면 어떤 점이 좋은 걸까요?

명품을 선호하는 데에는 크게 두 가지 이유가 있어. 하나는 희소성이야. 만일 미래가 새로 산 티셔츠를 입고 밖에 나갔는데 똑같은 옷을 입은 사람을 여럿 보았다면 어떤 기분이 들까?

가끔 마주치는 건 괜찮지만, 너무 많이 보이면 솔직히 좀 짜증이 날 것 같아요. 괜히 마음에 들었던 옷이 갑자기 싫어지지 않을까요?

아무래도 그렇겠지? 사람은 누구나 자기만의 것을 갖고 싶어한단다. 이때 희소성은 내가 가진 제품을 더욱 특별한 것으로 생각하게 해주지. 그런 점때문에 사람들은 비싸더라도 희소성이 있는 브랜드를 선호하는 거야.

아빠의 이야기를 듣고 보니 이해가 가네요. 또 다른 이유에 대해서도 얼른 말씀해주세요.

미래가 흥미를 보이니까 아빠도 신이 나는 걸? 또다른 이유는 바로 '이상적 자아상' 때문이란다. 쉽게 말해서 자신이 희망하는 멋진 모습, 남들이 인정해주기를 바라는 자신의 모습을 브랜드를 통해서 채우고 싶은 욕망을 말해.

영화배우 레오나르도 디카프리오와 똑같은 차를 타고 있으면 마치 내가 디카프리오가 된 것 같은 그런 기분을 말씀하시는 거죠?

그래 맞다. 정말 적절한 예를 들었구나. 일반적으로 어떤 사람이 소유하고 있는 물건은 그 사람의 경제적 수준, 사회적 지위, 직업 등을 암시할 수 있는 간접적인 기준이 된단다. 그런 이유로 자신의 실제적인 가치를 끌어올리기보다는 유명브랜드를 통해서 손쉽게 자신의 가치를 높이고 싶어하는 마음이 바로 고가의 유명브랜드를 사는 심리야.

그 마음도 이해가 가요. 만일 제가 내일부터 유명브랜드의 제품으로 온몸을 치장하고 학교에 간다면 아이들이 겉으로는 시기하면서도 속으로는 부러워할지 몰라요.

너도 혹시 그런 마음이 들어서 수영이에게 삐쳐 있었던 것은 아니니?

솔직히 그런 마음도 조금은 있었어요. 하지만, 저는 고가의 브랜드가 저의 가치를 높여준다고는 생각하지 않아요. 그건 어디까지나 물건일 뿐이잖아요.

옳은 말이다. 그런 생각을 하다니, 아빠는 우리 미래가 정말 대견스럽구나. 중요한 것은 고가의 브랜드가 주는 기쁨도 얼마 가지 못한다는 거야. 사람은 금방 싫증을 느끼는 특성이 있기 때문에 필요 없는 물건도 계속 사게 되고 결국 지나친 소비에 중독되는 악순환에 빠지기도 하거든.

아빠, 저 결심한 것이 있어요!

어떤 결심인데?

저는 스스로 가치를 높여서 제 자신이 명품이 되기로 했어요.

갈수록 아빠가 깜짝 놀랄만한 대답만 하는구나. 그럼 이제 아빠도 명품 딸 한 명 생긴 거네?

기대하세요, 아빠!

브랜드(Brand)란?

• 상표를 의미한다. 특정 제조업체의 상품이라는 것을 명시하기 위한 명칭이나 표지로 주로 사용하지만, 오늘날에 와서는 특정 제품의 가치를 부여하여 차별화를 꾀하는 전략으로도 사용한다. 같은 신발, 같은 음료수, 같은 옷이라도 자신이 선호하는 브랜드가 있는 것은 그 브랜드가 지닌 특별한 가치 때문이다.

브랜드의 유래

• 브랜드의 어원은 노르웨이어 brandr(브랜드르: 불로 지지다)에서 유래한다는 것이 가장 일반적인 설이다. 노르웨이의 목동이 자신이 키우는 소와 다른 사람이 키우는 소를 구분하기 위해 자신의 소에게 불도장을 찍어서 표시한 데서 유래한다는 설이다.

세계에서 가장 비싼 명품 목걸이

• 270년의 역사를 자랑하는 영국의 가라드사(社)에서 만든 다이아몬드와 루비를 활용한 목걸이가 현존하는 가장 비싼 목걸이라고 한다. 가격은 무려 미화 1,400만 달러(한화 160억 원)이다.

세계 최고의 브랜드 가치는? (출처: Interbrand.com, 2009년 순위)

1위 코카콜라 ($68,734,000,000)
2위 IBM ($60,211,000,000)
3위 마이크로 소프트 ($56,647,000,000)

우리나라의 삼성은 19위 ($17,518,000,000),
현대자동차는 69위 ($4,604,000,000)에 올라있다.

"저렇게 공짜로 줘도 남는 게 있을까요?"

촉진(Promotion)은 기업이 자사의 상품이나 서비스의 장점과 혜택을
소비자에게 알리기 위해 하는 활동으로
광고, 홍보, 세일즈, 판촉 등이 해당한다.

미래야, 손에 들고 있는 게 뭐니?

지금 요 앞에 새로 생긴 문구점에서 형광펜을 공짜로 나눠 주고 있어서요. 얼른 하나 받아왔어요.

개업기념으로 판촉을 하나보네?

판촉이요?

응, 단기간에 판매를 촉진하기 위해 하는 수단을 판촉이라고 해.

아빠, 촉진은 또 뭐예요? 솔직히 좀 헷갈리네요.

촉진은 기업이 자사의 상품이나 서비스를 소비자에게 알리기 위해 하는 활동을 말한단다. 이를테면 TV나 신문광고에서부터 외판원이 손님에게 물건을 직접 판매하는 것까지 아주 다양하지.

그럼 판촉은 뭔데요?

판촉은 촉진수단 중의 하나인데 단기간에 손님을 끌어들이고 매상을 올리기 위해 벌이는 활동을 말한단다. 예를 들어 무료샘플을 주거나 쿠폰, 경품 등을 나눠주는 것이 여기에 해당해.

아하! 그렇군요. 그래서인지 사람들이 꽤 많이 왔더라고요. 형광펜도 벌써 수백 개는 줬을 거예요. 아빠, 근데 저렇게 공짜로 줘도 남는 게 있을까요? 경영의 목적이 이익추구인데 공짜로 나눠주면 이익은 점점 더 줄어들지 않을까요?

물론이지. 공짜로 물건을 계속 나눠주다가는 손해를 볼 수밖에 없을 거야. 그런데 네 오른손에 들려 있는 그 봉투는 뭐니?

이거요? 이건 복사지하고 매직이에요. 문구점 들른 김에 필요해서 샀어요.

그럼 그 문구점이 형광펜을 공짜로 나눠준 것이 아닌 셈이구나. 네가 복사지하고 매직을 샀으니 말이다.

예? 그럼 제가 문구점에 속은 건가요? 그래도 복사지하고 매직은 어차피 사려고 마음먹었던 물건인데요?

속았다고 생각할 필요는 없어. 문구점이 준 공짜 형광펜에 이끌려 네가 자연스럽게 그 가게에서 복사지와 매직을 사게 된 것이란다. 원래 네가 다니던 문구점은 그곳이 아니었잖니? 새로 생긴 문구점이 판촉을 효과적으로 잘한 셈이지.

아하, 그렇군요. 결국 그 형광펜이 공짜가 아니라 판매를 촉진하기 위한 수단이었군요.

하하. 세상에 공짜가 어디 있겠니? 영국 속담에도 '공짜 점심은 없다' 라는 말이 있을 정도란다.

그런데 아빠, 이상하게 공짜라고 하면 마음이 더 끌리고 공짜 제품만 받고 나오기가 좀 미안하기도 해요.

너만 그렇게 생각하는 것이 아니야. 판촉수단 중에 공짜 제품이나 샘플 등을 나눠주는 이유가 바로 사람들이 공짜를 좋아하는 마음을 활용한 것이거든. 게다가 공짜 제품을 얻으면 사람들은 그 제품에 호의를 갖게 되고 미안한 마음마저 생긴단다.

정말 그래요. 공짜 샘플을 받으면 그 샘플을 써보고 마음에 들면 꼭 사야겠다고 마음먹게 돼요. 그리고 공짜 제품을 자꾸 받으면 미안하니까 그 가게에 가서 물건을 한두 개는 사게 되더라고요.

어디 그뿐이겠니? 공짜로 제품을 받으면 다른 물건을 더 사더라도 이득이라고 생각하기 때문에 공짜 제품을 나눠주는 가게에서 물건을 사게 되고, 그러다 보면 생각지도 않았던 물건을 사거나 오히려 생각보다 더 사기도 한단다.

아빠가 말씀하신 촉진이 판매촉진이 아니라 장바구니 촉진이라는 생각이 드네요.

하하하! 장바구니 촉진이라는 말이 정말 재미있구나.

엄마랑 마트에 가보면 장바구니 촉진이라는 말이 실감이 나요. 마트에는 정말 엄청나게 많은 판촉수단이 있더라고요.

정확하게 잘 봤다. 그럼 우리 그 이야기를 좀 더 자세히 해볼까?

그래요, 아빠.

촉진(Promotion)

- 프로모션이라고도 부른다. 기업이 자사의 상품이나 서비스의 장점과 혜택을 소비자에게 알리기 위해 하는 활동으로 광고, 홍보, 세일즈, 판촉 등이 해당한다.

판촉(판매촉진)

- 단기간에 고객의 반응을 이끌어내고 판매 효과를 높이기 위해 벌이는 촉진 활동을 말한다. 무료샘플, 공짜상품, 선착순 판매, 경품, 사은품 등을 제공하는 행위가 대표적인 판촉활동 중 하나이다.

판촉의 놀라운 효과

참존 화장품 – '샘플만 써 봐도 알아요'라는 문구로 기억되는 화장품. 대대적인 샘플제공과 샘플을 사용해본 사람들의 높은 반응으로 화장품 업계에 돌풍을 일으켰다. 현재 대한민국 화장품 업계의 대표적인 회사로 성장했다.

공짜시식과 판매량 – 인디애나의 한 슈퍼마켓 주인은 그의 가게 앞에 다양한 치즈를 진열해 놓고 원하는 만큼 공짜로 시식하도록 하였더니 하루에 300파운드(약 136 킬로그램) 팔리던 치즈가 무려 1,000파운드(약 453 킬로그램) 넘게 팔리게 되었다고 미국의 마케팅 학자인 밴스 패커드가 그의 저서 《숨은 설득자들》에서 말했다.

무료음료와 인내심 – 패밀리레스토랑에서 식사를 위해 대기하고 있는 손님에게 무료로 제공하는 음료는 기다림의 무료함을 달랠 수 있을 뿐만 아니라, 공짜음료를 마신 사람들이 고마움과 미안함을 동시에 느끼게 한다. 결국 공짜음료만 마시고 나가버리는 사람보다는 공짜음료에 대한 보답으로 더 기다리다가 입장하는 사람의 수가 절대적으로 많다.

핫메일(hotmail) – 이메일이 생소했던 1997년 7월. 개인에게 이메일을 무료로 사용할 수 있도록 제공함으로써 서비스 개시 18개월 만에 1,200만 명의 가입자를 확보하는 큰 효과를 올렸다. 지금 우리가 포털 사이트의 이메일을 공짜로 쓸 수 있게 된 데에는 핫메일의 공이 크다고 할 수 있다. 당시에 홍보문구로 사용했던 '당신의 이메일을 핫메일에서 무료로 얻으세요'는 매우 유명한 글귀가 되었다.

"발 없는 말이 천 리를 간다?"

구전효과(word of mouth).
사람들이 제품과 서비스에 대한 정보를 서로 전달하고
퍼트리고 공유함으로써 얻는 효과.

엄마는 무슨 이야기를 저렇게 재미있게 하신다니?

오늘만 전화통화를 벌써 스무 번도 넘게 하고 계세요. 얼마 전에 새로 사신 화장품이 너무너무 마음에 드신다며 계속 자랑 중이세요.

그래? 엄마 덕분에 그 화장품 회사 장사 좀 되겠는걸.

설마 엄마가 전화로 자랑하신다고 그 화장품이 더 팔릴까요?

발 없는 말이 천 리를 간다는 속담도 있잖니. 구전효과란 생각보다 강력하고 효과적이란다.

구전효과요? 아빠, 그게 뭐예요?

구전효과란 쉽게 말해서 입소문을 말한단다. 사람들의 입에서 입으로 소문이 돌고 그 소문 덕분에 특정 제품이나 서비스, 인물 등이 널리 알려지게 되는 일종의 마케팅 효과를 말해. 최근에는 이런 입소문을 미리 계획해서 제품이나 서비스를 출시하기 전에 퍼트리기도 하지.

입소문이 정말 그렇게 효과가 있나요?

그렇단다. 입소문의 힘은 생각보다 훨씬 강력하거든. 뭐 하나만 물어보자. 미래는 요즘 어떤 가수가 가장 좋으니?

저는 '투피엠(2PM)' 이라는 댄스그룹이 정말 좋아요. 멋진 춤과 노래가 스트레스를 날려버리죠. 그래서 투피엠이 제일 좋아요.

그럼 요즘 제일 미운 연예인은 누군데?

그야 두말할 필요도 없이 '세리' 라는 인기 걸그룹 멤버예요. 글쎄 자기네 집이 좀 부자라고 다른 멤버들을 무시하고 편 가르기도 한대요.

넌 그런 이야기를 어디서 들었어? 세리라는 가수가 정말 부자인지, 그리고 다른 멤버들을 무시하고 편을 가르는지 직접 본 거야?

아니요. 그게 그러니까 소문이 그렇다고요. 아니 땐 굴뚝에 연기 나겠어요?

굴뚝만 보지 말고 누가 연기를 피우는지도 봐야 하지 않을까? 입소문은 근거 없이 사람들 사이에서 쉽게 퍼지고, 근거 없는 비난도 쉽게 믿게끔 한단다. 그래서 기업은 나쁜 소문에는 발 빠르게 대응하고, 좋은 소문은 더 퍼져 나가도록 노력하고 있어.

아빠 말씀을 듣고 나니 입소문의 위력이 상당하다는 것을 느꼈어요. 단지 입소문만 듣고 제가 모든 걸 믿어 버렸으니까 말이죠.

그래. 입소문은 양날의 칼처럼 훌륭한 마케팅 수단이면서도 때로는 무서운 채찍이 되기도 해. 하지만, 기업이 우수한 제품과 서비스로 고객에게 보답한다면 자연스럽게 좋은 소문이 퍼져 생각보다 큰 혜택을 얻지.

아빠, 입소문으로 성공한 이야기가 있으면 하나만 해주세요.

우리 집에서 쓰는 제품 중에 김치냉장고와 스팀청소기 그리고 엄마가 읽고 계시는 소설책이 모두 발 없는 말이 천 리를 가서 성공한 경우란다. 좋은 제품과 감동적인 내용이 사람들 사이에 입에서 입으로 전해지면서 그 어떤 광고보다도 강력한 효과를 갖게 되었지. 그 중에서 김치냉장고 이야기를 해볼까?

아, 우리 집 주방에 있는 저 냉장고 말씀이시죠?

그래. 원래 김치냉장고는 일본의 생선냉장고, 프랑스의 와인냉장고에 착안해서 우리나라에도 김치냉장고가 있어야 하겠다는 아이디어에서 시작했어. 사업초기에는 사람들이 김치는 그냥 냉장고에 보관하면 되지 뭣 하러 김치 전용 냉장고에 보관 하느냐는 의구심 때문에 불필요한 것으로만 생각했다고 해.
미래 너도 알겠지만, 김치냉장고는 김치를 신선하게 오래 보관할 수 있고, 김치가 알맞게 익도록 도와주는 기능까지 있잖니? 그런데 이런 좋은 점을 알릴만한 마땅한 방법이 없었어. 더군다나 김치냉장고를 최초로 만든 회사는 대기업이 아니라서 TV 광고를 할 만한 자금도 넉넉하지 않았거든.

그럼 그 회사는 어떻게 제품을 알리고 판매를 시작한 건가요?

그들은 우선 몇몇 사람들에게 써보게 하고 좋다는 소문이 저절로 퍼지도록 입소문을 유도했단다. 소비자단체에서 일하거나 동네에서 입소문을 잘 낼만한 아줌마들을 대상으로 제품을 두 달간 무료로 써보게 했더니 소문이 생각보다 훨씬 빠르게 퍼져 나가기 시작했어. "써보니까 김치냉장고가 좋더라." "가정의 필수품이더라." 이런 소문이 퍼지면서 제품을 출시한 지 2년 만에 10만 대를 팔았고, 지금은 시장 점유율이 60%가 넘을 정도로 우리나라 김치냉장고의 대명사가 되었단다.

와, 정말 입소문이 엄청난 효과를 내는군요. 아이돌 스타의 나쁜 소문만 빠르게 퍼지는 줄 알았는데, 상품의 좋은 소문도 마찬가지네요.

그래. 만약 너희 엄마 같은 사람 100명만 더 있으면 그 화장품 회사는 곧 대박 날걸? 하하하.

아하하. 아빠가 왜 엄마 덕에 화장품 회사가 장사 좀 되겠다고 말씀하셨는지 이해했어요. 발 없는 말이 천 리를 간다는 뜻이 정말 와 닿아요.

구전효과(Word of mouth)

- 입소문이라고도 한다. 사람들이 제품과 서비스에 대한 정보를 서로 전달하고 퍼트리고 공유함으로써 얻는 효과를 말한다. 부정적인 효과와 긍정적인 효과가 모두 존재하며 기업은 긍정적인 소문이 더 많이 퍼질 수 있도록 유도하여 높은 마케팅 효과를 얻을 수 있다.

입소문으로 성공한 '딤채'

- 우리나라 김치냉장고 시장의 절반 이상을 차지하고 있는 딤채는 당시에는 자동차 에어컨을 만드는 중소기업 '만도공조'에서 개발한 제품으로 사람들의 주목을 받지 못했다.

  그러나 입소문 마케팅에 주목하면서 주부를 대상으로 2개월 무료사용 이벤트, 4개월 사용 후 마음에 들면 반값에 주는 행사 등을 골고루 펼치면서 급속도로 입소문을 타 가정마다 있어야 할 필수품으로 자리매김한다.

  출시 첫 해인 1996년에 2만 대 판매에서 2000년 46만 대 판매에 3천2백억 매출을 올려 현재는 김치냉장고 시장의 절대 강자로 대한민국 5대 가전에 채택될 만큼 김치냉장고는 가정의 필수품이 되었다. 제품명 '딤채'는 조선 중종 때 사용했던 김치의 옛말이라고 한다.

입소문으로 성공하기보다 실패하기가 더 쉽다

- 입소문, 구전효과가 매우 효과적이라는 사실을 많은 기업이 알고 있지만 성공하는 경우와 실패하는 경우가 모두 존재하는 이유는 뭘까? 실제 연구에 의하면 좋은 소문보다 나쁜 소문이 더 빨리 퍼지고, 더 오래간다고 한다. 그만큼 입소문은 양날의 칼처럼 어떤 방향으로 퍼져 나가느냐에 따라 성공과 실패를 좌우한다. 이런 점이 구전효과의 좋은 점이면서도 어려운 점이라고 할 수 있다.

"마트에 가면 왜 생각보다
더 많이 사게 되는 건가요?"

충동구매의 최근 유행어 '지름신'.
충동구매를 보이지 않는 신에 의한
거부할 수 없는 운명인 것처럼
유머러스하게 표현한 것.

 어휴, 이번에도 생각보다 물건을 많이 산 것 같구나.

 엄마, 항상 궁금한 것이 있는데요. 엄마는 마트에 다녀오시면 생각보다 많이 샀다고 후회하시면서 왜 매번 반복하시는 거예요?

 솔직히 엄마도 잘 모르겠다. 마트에는 물건이 싸고 다양하다 보니 경제적이라고 생각해서 자꾸 더 많이 사는 것 같구나.

 사실 저도 마트에 가면 이것저것 많이 사고 싶어지더라고요.

 무슨 이야기를 그렇게 진지하게 하고 있어?

 마트에 가면 왜 생각보다 더 많이 사게 되는지를 엄마랑 얘기하고 있었어요. 아빠, 마트에 가면 누군가가 사람들 귀에다 대고 물건을 더 사라고 계속 주문을 외우는 것 같아요.

하하하. 참 재미있는 생각이구나. 하긴 마트는 기업의 다양한 마케팅 활동이 모여 있는 마케팅 종합선물세트 같은 곳이거든. 그러니 다들 마트에 가면 생각했던 것보다 물건을 더 사게 되지.

마케팅의 종합선물세트요?

그래. 소비자의 마음을 움직일 수 있을 만큼 다양한 마케팅 활동이 벌어지는 곳이 바로 마트란다. 예를 들어보자. 공짜 사은품이나 무료 시식, 선착순 판매 같은 촉진활동이 벌어지고, TV 광고에 나오던 제품도 눈에 띄고, 신용카드 회사의 할인혜택도 있고 그 외에 여러 가지 심리적인 방법도 동원되거든.

마트에 가면 물건 가격이 더 싸니까 절약한다는 생각도 들어요.

그런 생각 역시 다양한 마케팅 활동 때문에 사람들이 갖게 되는 생각이야. 싸다고 필요 이상으로 구매하면 결국 더 많은 돈을 지출하니까 당장 써야 할 돈이 줄어들어 힘들지 않을까?

아빠 그게 무슨 말씀이세요? 그럼 기업은 소비자가 일부러 물건을 더 사도록 유혹한다는 뜻인가요?

그렇다고 볼 수 있어. 좋은 의미에서의 유혹이라고 할 수 있지. 나쁜 물건이나 거짓된 상품을 속여서 파는 것은 아니지만, 이왕이면 소비자가 조금 더 사서 돈을 더 쓰게 하는 것이 기업에는 유리하지 않겠니?

기업의 목적이 바로 이익창출이기 때문이다, 이 말씀이시죠?

우리 미래가 똑똑하네.

그럼 아빠가 좀 전에 말씀하신 다양한 마케팅 활동 외에 또 어떤 활동이 소비자로 하여금 물건을 더 사게 하는 거죠?

대표적인 것이 '원 플러스 원(1+1)' 상품이지. 하나를 사면 하나가 공짜라는 조건은 실제로 견디기 어려운 유혹이야. 하지만, 우리가 정확히 해야 할 것이 하나 있단다. 원 플러스 원이 가장 저렴한 제품은 아니라는 것이지.

하나를 공짜로 주는데 제일 싸지 않을까요?

하나를 사면 하나를 더 주기 때문에 사람들은 제일 저렴할 것으로 생각하지만 실제로는 두 개를 묶어 두었기 때문에 하나를 살 때보다 더 많은 돈을 지출해야 하고, 경쟁 회사의 제품 두개를 살 때보다 비싼 경우도 있거든.

그렇군요. 역시 비교해보고 사야 하네요.

그렇지. 그리고 쇼핑카트를 작은 것보다 큰 것으로 이용할 때 물건을 더 사게 되고, 판매원이 권하는 물건을 살 확률도 높단다.

마트에 있는 쇼핑카트가 다 큰 이유, 그리고 유니폼을 입고 물건을 판매하는 직원들도 많은 이유를 이제야 알겠어요.

이 외에도 현금을 사용할 때보다 신용카드를 사용할 때 지출이 더 많아지고, 제품가격을 9로 끝낼 때 이를테면 2,900원, 990원 등으로 판매할 때 소비자가 더 싸다고 느낀대.

와, 정말 놀라워요! 이렇게 많은 마케팅 수단이 마트에 존재하고 있을 줄은 몰랐어요. 마트에서 살아남으려면 정신을 바짝 차려야겠어요.

마트에서 살아남는다고? 하하하.

충동구매(impulse buying)

- 사전계획 없이 순간적 충동으로 구매를 결정하는 행위를 말한다.
  최근 신용회복위원회의 조사결과를 보면 청소년의 60~70%가 충동구매를 경험했다고 한다. 충동구매를 하는 원인으로는 광고나 진열된 상품, 다양한 할인조건 등에 강한 구매충동을 느끼기 때문이다. 쇼핑은 구매자에게 즐거움과 기대감을 복합적으로 주는 유쾌한 일이지만 충동구매는 구매 후의 부작용을 미리 생각하지 않으므로 구매 후 후회를 하기도 한다.

계획구매

- 소비자가 물건을 구매하기 이전에 사용할 물품의 종류와 상표를 미리 결정해 놓고 계획한 그대로 구매하는 것을 말한다. 그러나 기업의 다양한 마케팅 활동, 판촉 등으로 소비자가 계획 그대로 구매하기란 여간 어려운 것이 아니다.

지름신

- 충동구매의 최근 유행어로는 '지름신'이 있다.
  충동구매를 보이지 않는 신에 의한 거부할 수 없는 운명인 것처럼 유머러스하게 표현한 것이지만, 어디까지나 충동구매를 한 사람은 본인이라는 생각과 책임을 가질 때 충동구매의 유혹을 이길 수 있다.
  네티즌이 올린 충동구매를 이기는 마법의 주문은 '지금 당장은 없어도 살 수 있어'라고 한다. 지름신을 물리치고 싶다면 이 주문을 외워보는 게 어떨까?

"맥주와 기저귀가 도대체
무슨 관련이 있는 거죠?"

교차판매(Cross selling).
서로 연관성이 높은 제품을 같은 장소에서 팔거나
판매자가 구매를 권유함으로써
함께 판매할 수 있도록 유도하는 것.

딩동!

와, 드디어 왔어요!

뭐가 왔길래 그렇게 반기는 거니?

인터넷으로 수영복을 하나 주문했는데, 드디어 도착했어요. 기다리는 동안 정말 힘들었거든요.

그런데 수영복 말고도 뭐가 그렇게 많아?

수영복을 사려고 보니까 물안경, 샌들도 함께 팔더라고요. 그래서 마침 잘됐다 싶어서 같이 샀어요.

아빠가 자동차 타이어 교환하러 갔다가 엔진오일까지 교환하는 것이랑 비슷하구나. 경영학에서는 이런 걸 교차판매라고 한단다.

교차판매요? 그게 정확히 어떤 거예요?

교차판매란 서로 연관성이 높은 제품을 같은 장소에서 팔거나 판매자가 구매를 권유함으로써 함께 판매할 수 있도록 유도하는 것을 말해. 크로스셀링이라고도 부르지.

그렇게 판매하는 것이 정말 효과가 있나요?

네가 수영복을 사면서 물안경과 샌들도 산 것처럼 교차판매는 널리 알려진 효과적인 판매방법이란다.

그럼 비슷한 종류의 물건일수록 교차판매의 효과가 더 크겠네요?

반드시 그런 것은 아니야. 맥주와 기저귀의 관계처럼 전혀 다를 것 같지만, 알고 보면 관련이 높은 상품도 있거든.

맥주하고 기저귀라고요? 전혀 상관이 없는 제품인 것 같은데요?

맥주와 기저귀가 관련이 있다는 사실은 미국의 한 슈퍼마켓에서 우연히 발견했단다. 퇴근길에 기저귀를 사오라는 아내의 부탁으로 매장에 들른 남편들이 기저귀를 사면서 자신에게 필요한 맥주도 같이 구입하는 것을 본 슈퍼마켓에서는 두 제품이 상당한 관련이 있다는 것을 알게 되었거든. 이처럼 같은 종류의 제품은 아니지만, 관련성이 높은 제품이 많단다. 정육 판매대에 있는 와인이나 커피 전문점에서 파는 쿠키가 모두 비슷한 경우야.

그렇군요. 그러고 보니까 우유를 파는 곳에서 시리얼도 함께 판매하는 모습을 봤어요.

생각보다 우리 미래가 관찰력이 뛰어나네. 교차판매는 이렇게 서로 연관이 있는 제품을 같은 장소에 두거나 판매원이 권유해서 판매량을 늘리는 방법을 말해.

교차판매, 정말 재미있네요. 교차판매 말고도 고객의 구매를 유도하기 위한 또 다른 방법은 없나요?

물론 다양한 방법이 있지. 우리가 일상에서 가장 쉽게 접할 수 있는 것 중의 하나를 꼽자면 '업셀링(Up-selling)'이라는 것이 있단다. 흔히들 추가판매라고도 하지.

추가판매요? 그건 어떤 판매방식이죠?

추가판매는 네가 애초에 구매하려고 했던 물건보다 판매원이 조금 더 비싼 물건을 권유해서 매출액을 늘리는 것을 말해.

제가 얼마 전에 MP3를 사러 갔을 때 가격이 조금 비싸지만, 더 좋은 제품이라며 판매원이 권유해서 결국 그 MP3를 샀어요. 그럼, 이런 게 바로 업셀링이었네요?

그래, 바로 그런 방식을 업셀링이라고 한단다. 고객이 찾는 제품보다 가격이 좀 더 비싼 제품을 권유하는 것이지.

그렇군요. 아빠, 이 세상은 온통 경영학과 함께 호흡하고 있는 것 같아요. 알면 알수록 경영학이 곳곳에 숨어 있다는 생각이 들어요.

하하. 미래가 점점 경영학의 매력에 빠져들고 있구나. 아빠가 흐뭇해지는 걸?

| **경영학 용어 정리** |

교차판매(Cross selling)

- 서로 연관성이 높은 제품을 같은 장소에 팔거나 판매자가 구매를 권유함으로써 함께 판매할 수 있도록 유도하는 것을 말한다. 크로스셀링이라고도 한다.

교차판매의 다양한 모습

- 배추 있는 곳에 상추, 두부 있는 곳에 콩나물 등 누가 보더라도 관련성이 높고 비슷한 상품을 함께 두어 판매를 유도하는 방법이 일반적이지만 고객 분석을 통해 냉동식품을 판매하는 곳에 식용유, 와인과 치즈, 라면과 양은냄비 등을 함께 두어 판매를 유도하기도 한다.
비슷한 제품이 같은 장소에 모여 있는 매장, 화재보험에 가입한 고객에게 건강보험 가입을 유도하는 보험판매원 등이 모두 교차판매를 하는 것이다.

추가판매(Up-selling)

- 고객이 의도하는 상품보다 가격이 비싼 상품을 권유함으로써 판매액을 늘리는 방식을 말한다. 업셀링이라고도 한다.

추가판매의 다양한 모습

- 저렴한 화장품을 사러 갔는데 새로 나온 제품이라며 좀 더 비싼 화장품을 권유하는 매장 판매원, 소형차를 구매하려는 고객에게 가족이 몇 명인지를 물어본 후 중형차를 권하는 자동차 판매원 등이 모두 추가판매(업셀링)를 하는 것이다.

5장
생산과 유통

"많이 만들면 만들수록
돈이 더 절약된다?"

 이번에 산 우산은 몇 번 쓰지도 않았는데 고장이 나버렸네.

 엄마, 그거 지난달에 사신 거 아니에요?

 그러게. 분명히 지난달에 산 것 같은데 벌써 고장이 났나 보네.

 싼 게 비지떡인가 봐요. 가격이 절반 값이라 샀는데 품질은 생각보다 별로예요.

 그 회사가 대량생산을 해서 가격은 싼데 품질은 영 아닌가 봐요.

 대량생산이요? 아빠, 많이 만들면 가격이 싸진다는 말씀이신가요?

 그렇지. 정확히 말해서 대량생산을 하면 원가가 낮아진단다.

 원가는 뭐고 대량생산은 또 뭔가요?

원가란 제품을 생산하는데 들어가는 재료비, 노무비, 경비를 말하는데 쉽게 말해서 제품을 만드는데 들어가는 아주 기본적인 비용을 말한단다. 떡볶이를 예로 들면 떡볶이를 만드는데 들어가는 고추장, 떡, 설탕, 물, 가스비, 전기료 그리고 주인아주머니의 인건비를 모두 합친 것을 원가라고 한단다.

그러니까 물건을 만드는데 드는 기본적인 비용이 원가라는 말씀이시죠?

그렇지. 그리고 대량생산이란 규격화한 제품을 기계나 기술을 이용해서 대량으로 한꺼번에 많이 만들어 내는 것을 말해.

그렇군요. 대량으로 생산하면 원가가 낮아진다는 말씀이시네요.

그렇단다.

그런데 제 생각에는 많이 만들면 그만큼 재료도 많이 들어가기 때문에 더 비싸지지 않을까요?

그렇지 않아. 많이 만들면 더 많은 재료를 사용하는 것은 맞지만, 상대적으로 인건비, 전기료, 재료비는 낮아지는 효과를 가져 오거든. 그리고 많은 재료를 사다 보니 재료를 파는 사람에게 가격을 낮춰달라고 요구해서 더 싸게 재료를 구매할 수도 있지. 이런 걸 '규모의 경제'라고 한단다.

규모의 경제요? 그건 더 어려운 말이네요.

어려울 것 없어. 말 그대로 생산규모가 커지면 그만큼 경제적으로 생산할 수 있다는 의미야. 그래서 규모의 경제란다.

그렇구나. 설명을 듣고 나니까 조금 이해할 것 같아요.

대량생산을 하면 원가가 낮아지니까 회사 차원에서는 소규모로 만들 때보다 더 높은 이윤을 확보할 수 있지 않겠니?

재료도 싸게 사올 수 있고 인건비나 다른 비용도 상대적으로 줄어들고 그래서 원가가 낮아지니까 이익은 더 커진다는 말씀이시죠?

그래, 바로 그런 원리야. 그래서 대량생산이 경영에 있어서 매우 중요한 요소란다. 대량생산은 원가를 낮추고, 원가는 다시 소비자가격을 낮추고, 소비자는 질 좋고 싼 제품을 좋아하고 그런 제품은 인기를 얻어서 더 많이 팔려나가고, 그렇게 점점 이익이 증가하면 덩달아서 경영도 잘되지 않겠니?

정말 그러네요. 대량생산이 경영에 아주 중요한 요소라는 아빠 말씀이 이해가 가요. 그럼 대량생산을 통해서 원가를 낮추고 소비자로부터 높은 인기를 얻어서 성공한 이야기가 있으면 하나만 해주세요.

포드자동차의 사례를 살펴보자. 1910년대 미국에서는 대부분 집에 마차를 가지고 있었지만, 자동차를 소유하는 것은 엄두도 내지 못했단다. 왜냐하면, 그 당시에 자동차는 너무 비싼 가격 때문에 아무나 가질 수 없는 고가품이었거든. 그런데 포드자동차가 이 모든 것을 바꿔 놓았지.

어떻게요?

자동차를 최초로 대량생산하기 시작했단다. 경쟁회사보다 자동차를 완성하는 시간을 획기적으로 줄였고 그만큼 더 많이 만들 수 있었지.

어떤 방법을 사용했기에 대량생산이 가능해진 건가요?

부품을 표준화해서 조립에 들어가는 시간을 줄였어. 특히, 컨베이어 벨트 시스템을 도입해서 작업자가 이리저리 옮겨 다니면서 보내는 시간을 크게 절약했지. 지금은 너무도 당연한 모습이지만 그 당시 자동차 생산에 이런 방식을 도입한 것은 대단히 획기적인 일이었단다.

와, 대단하네요! 당연히 제품의 원가도 낮아졌겠네요?

그렇단다. 자동차를 더 많이 생산할 수 있다 보니 원가는 낮아졌고 더 싼 가격에 소비자에게 팔 수 있었어. 그래서 많은 사람이 마차가 아닌 자동차를 끌고 다니게 되었지. 그 이후로 포드의 대량생산방식은 모든 자동차 회사가 따라할 만큼 보편적인 생산 방법이 되었단다.

결국 오늘날 이렇게 자동차가 흔해진 데에는 포드의 대량생산방식이 큰 역할을 한 셈이네요.

맞는 말이다. 포드자동차의 대량생산방식이 오늘날 대부분의 가정에서 자동차를 타고 다닐 수 있도록 한 중요한 출발점이었단다.

아빠, 대량생산이 얼마나 중요한지 똑똑히 알겠어요.

대량생산(Mass production)

• 규격화한 제품을 기술과 기계를 사용하여 대량으로 생산하는 체제.

규모의 경제(Economy of scales)

• 생산요소 투입량의 증대(생산규모의 확대)에 따른 생산비 절약 또는 수익향상의 이익.

모델T

• 포드가 만든 세계 최초의 대량생산 자동차.
1908년 출시했으며 1927년 판매가 종료될 때까지 총 1천5백만 대를 판매했다.
컨베이어벨트 시스템을 도입하여 차량을 대량생산하고 그만큼 가격을 낮추어 공급함으로써 상류층만 소유할 수 있던 자동차를 대중이 소유할 수 있게 해준 모델이다.
원가를 줄이기 위해 검은색으로만 통일했고, 최고 속도가 겨우 68km/h에 시동조차 잘 걸리지 않고 좌석 또한 매우 불편했다고 한다. 그럼에도 일반인도 자동차를 살 수 있다는 매력이 더 컸기 때문에 불티나게 판매할 수 있었다. (출처: 두산백과)

지금까지 세계에서 가장 많이 팔린 자동차는?

1위 : 도요타 '코롤라'(Toyota 'Corolla')
　– 1966년에 출시하여 1997년까지 약 3,500만대 판매. 40초당 한 대꼴로 팔린 현존하는 세계 최고의 최다판매 차.
2위 : 포드 'F 시리즈'(Ford 'F series')
　– 1948년 출시 이후 지금까지 약 2,500만대 판매.
3위 : 폭스바겐 '골프'(Volkswagen 'Golf')
　– 1974년~2007년까지 약 2,400만대 판매.

(출처: Automotoportal.com, 'Top 5 world's most successful cars ever')

"인간의 시간과 동작을 조절하면 생산성이 높아진다?"

여보, 만둣국 다 됐나요?

우리 집 공주님이 만두를 워낙 늦게 만들어서 시간이 좀 걸리겠어요. 이제 끓이기만 하면 되니까 조금만 참아 주세요.

엄마는 잘하시는데 난 왜 이렇게 느리죠? 엄마가 10개 만드실 동안 난 겨우 3개 만들었어요.

체계적으로 하면 훨씬 빨라. 네가 순서 없이 만두를 만드니까 시간만 잡아먹고 생산성이 떨어지는 거야.

하하하. 우리 미래가 확실히 생산성이 떨어지네.

아무래도 저의 만두 생산성은 문제가 있는 것 같아요.

우리 미래는 만두공장 사장님이 되기는 어렵겠는걸.

히히. 제가 봐도 만드는 것 보다는 먹는 데 더 소질이 있는 것 같아요. 그런데 어떻게 하면 엄마처럼 빠르게 많이 만들 수 있을까요?

네가 만두를 만드는 동작과 시간을 분석하면 방법이 있을지도 몰라.

시간과 동작이요? 그걸 조절하면 생산성이 정말 높아지나요?

충분히 높아질 거야. 실제로 시간과 동작을 분석해서 생산성이 엄청나게 높아진 연구가 있단다. 그리고 이 연구가 있었던 후 지금까지도 많은 기업에 영향을 미치고 있지.

아빠, 궁금해요. 시간과 동작에 대한 연구를 좀 더 알고 싶어요.

그래, 천천히 살펴보자. 우선 19세기 말 미국에서는 생산성을 향상하기 위한 새로운 시도가 있었어. 바로 프레데릭 테일러라는 사람이 자신이 일하던 제철소의 근로자를 대상으로 한 연구였지.

어떤 연구였나요?

먼저 근로자가 하루에 얼마만큼의 선철(무쇠)을 운반하는지 평소의 작업량을 살펴보고 가장 높은 작업량까지 끌어올릴 수 있도록 인부들의 동작과 작업시간을 연구했단다.

그래서 아까 아빠가 시간과 동작을 분석하면 방법이 있다고 하신 거군요. 그다음은요?

분석을 토대로 실제 낭비되는 시간과 동작을 없애고 근로자를 철저히 훈련시키자 놀랄 만큼 생산성이 향상 됐단다.

어느 정도로 향상했는데요?

선철(무쇠)의 운반량이 평소보다 4배 가까이 늘어났어.

와, 정말 대단하네요! 그럼 근로자들이 많이 힘들고 지치지 않았을까
요?

물론 그랬겠지. 하지만, 예전보다 늘어난 임금을 통해 근로자의 고된
노동을 보상해주었단다. 이렇게 작업자의 시간과 동작을 분석하고
조절함으로써 생산성을 향상하는 관리이론을 '과학적 관리론' 이라
고 해.

그렇군요. 그런데 어떤 방법으로 근로자의 시간과 동작을 조절해서
생산량을 끌어올렸을까요?

아까도 말했지만 가장 중요한 것은 낭비되는 시간과 동작을 없앤 것
이란다. 휴식시간의 길이와 간격에서부터 물건을 옮길 때 쓰는 습관
적인 동작까지 모두 분석해서 생산성이 높아질 수 있도록 재조정했
거든.

사람의 행동과 시간을 완전히 낱낱하게 분석한 거네요.

그렇지. 근로자들은 관리자가 시키는 대로만 움직여야 했단다. 쉬는
시간과 일하는 시간 심지어 화장실에 가는 시간에서 작업할 때 사용
하는 동작까지 모두 정해진 대로 해야만 했어. 그래야 생산성이 가장
높아지기 때문이야.

아빠, 그건 너무 인간미가 없게 느껴져요. 사람이 로봇도 아니
고……

하지만 그 당시에는 생산성을 높이는 것만이 주요 관심사였거든. 그
래서 생산성이 높아진 만큼 임금을 더 주는 것으로 보상해주고 일은
정해진 방식대로만 하면 된다고 생각했지. 조건을 좋게 해주면 된다
고 본거야.

그렇지만 조건이 전부는 아니지 않나요?

그때는 저임금 노동자가 상당히 많았단다. 그래서 남보다 임금을 더 주는 것만으로도 상당한 효과를 거둘 수 있었어. 하지만, 네가 말 한 대로 조건이 전부는 아니지. 그래서 생산성 향상에 대한 새로운 주장을 제기하기 시작했단다.

어떤 주장인데요?

그건 우리 미래가 생산성이 조금은 떨어졌지만 아빠를 생각하는 마음으로 만든 만둣국부터 먼저 먹고 더 얘기 나눠볼까?

그래요, 아빠! 제 마음을 담아서 만든 만둣국 먼저 드시러 가요.

응, 그러자꾸나.

생산성(Productivity)

- 생산의 효율을 나타내는 지표를 의미한다. 생산성에는 노동생산성, 원료 생산성, 자본생산성의 3가지 종류가 있는데 일반적으로 노동생산성을 가장 널리 사용하고 측정한다.
투입한 자원에 대비하여 산출물의 양이 어느 정도 인가를 나타내는 척도이다.

과학적 관리론(Scientific management theory)

- 과학적 관리법이라고도 부른다. 1911년 프레데릭 테일러가 저술한 '과학적 관리의 원칙'이라는 책에 의해 정립된 이론. 노동생산성을 극대화하고 조직 관리를 효율적으로 하기 위해 작업자의 시간과 동작을 연구하고 그 연구를 기초로 작업수행과정에서 최선의 길을 찾고자 했던 연구다. 이 연구의 실제 효과를 발휘한 사례에 의하면 노동자는 관리자가 시키는 대로 움직여야 하며 노동자는 높아진 생산성만큼 더 많은 급여를 받는 것으로 충분히 보상된다고 보고 있다.

프레데릭 테일러(Frederick W. Taylor, 1856~1915)

- 과학적 관리론의 아버지라고 불린다.
미국 필라델피아에서 태어나 변호사가 되고자 했지만, 눈에 심각한 질환을 앓은 후 단념한다. 이후 미드베일 제강소에 기계공을 거쳐 베들레헴 제철소에서 노동자의 업무태만과 파업을 목격하고 과학적인 작업관리를 통해 생산성을 끌어올릴 필요가 있음을 통감한다. 노동자의 시간과 동작을 연구하여 최적의 작업방식을 개발하고 생산성을 획기적으로 올림으로써 높은 평가를 받는다. 1911년 《과학적 관리의 원칙》이라는 저서를 발간하면서 과학적 관리론을 정립하고 현장 보급에 앞장선다.

"조건보다 마음이
생산성 향상의 핵심이다?"

호손효과(Hawthorne effect).
새로운 관심을 기울이거나 관심을 더 쏟으면 사람들은 기대에 부응하고자
행동과 능률에 변화를 일으켜 성과가 개선되는 현상.

 아빠, 요즘 우리 반에 비상이 걸렸어요!

 무슨 비상? 독감이라도 번진 거니?

 아뇨, 우리 반 성적이 밑에서 두 번째라고 담임선생님께서 화가 단단히 나셨어요.

 그럴 만하시겠네. 선생님께서 스트레스가 많으시겠다. 반 친구들이 모두 조금씩 더 노력해야겠구나.

 조금 이상한 것이 있어요. 예전에는 선생님께서 피자를 사주시겠다고 약속만 하면 성적이 바로 올라갔거든요. 그런데 이제는 그 방법도 잘 안 먹히는 것 같아요. 그래서 선생님께서도 고민이 많으세요.

 너희 반은 이제 조건만으로는 생산성이 잘 안 오르는구나. 사실 조건도 중요하지만, 마음이 생산성 향상의 가장 큰 비밀이라는 걸 알아야

할텐데…….

조건 보다 마음이 더 중요하다는 말씀에 동의해요. 저도 뭔가를 받게 된다는 기대감에 더 열심히 해보지만 실제로 마음이 따라주지 않으면 쉽게 지쳐버리거든요. 그런데 아빠, 생산성 향상의 비밀이 마음에 있다는 것은 무슨 의미죠?

우리가 예전에 많이 만드는 것이 더 싸게 만드는 것이라고 얘기 나눴지 않니?

네, 그랬어요.

그런데 제품을 생산하는 것은 사람이기 때문에 사람들의 마음상태에 따라 생산성이 높아지기도 하고 때로는 낮아지기도 한단다.

그럼, 제품을 만드는 사람의 마음이 생산성을 결정하는 중요한 요소라는 말씀이시네요.

그렇지. 바로 너희 선생님께서 피자라는 조건을 내걸었을 때의 효과가 오랫동안 유지되지 못하는 것은 조건도 중요하지만, 학생들의 마음도 중요하기 때문이란다. 공부할 마음이 있는 사람이라면 조건을 내걸지 않아도 알아서 할 것이고, 공부할 마음이 없는 사람이라면 아무리 좋은 조건도 큰 효과를 발휘하지 못한다는 의미야.

그럼 실제로도 조건보다 마음이 생산성에 많은 영향을 미친다는 경영학 이야기가 있나요? 얼른 해주세요.

1924년 미국의 한 공장에서 시행했던 연구사례를 살펴보자. 이 연구는 '호손연구' 라고 불리는데 연구의 목적은 조명의 밝기라는 작업조건이 생산성에 미치는 영향을 알아보기 위한 것이었지. 밝은 곳에서 일할 때와 어두운 곳에서 일할 때는 아무래도 생산량에 차이가 있을 것이라는 예상을 했지만, 결과는 뜻밖에 조명이 어두워져도 생산량은 크게 영향을 받지 않는 것으로 나타났단다.

정말 희한하네요. 어두운 곳에서 일하면 작업하기가 어려워서 생산량이 많이 떨어질 텐데요.

당시의 사람들도 의외의 결과에 그 원인이 무엇인지 알기 위해 연구를 계속 진행했단다. 그리고 실험에 참가한 사람들이 어두운 작업환경 속에서도 밝은 곳과 비교해서 뒤처지지 않는 생산량을 보였던 것은 바로 그 사람들이 중요한 실험에 참가하고 있고 관심의 대상이었다는 점이 크게 작용했다는 것을 알아냈지.

조건보다 마음이 생산성 향상의 비밀이라는 말씀이시죠?

그래. 호손실험을 통해 작업조건이나 금전적인 요인보다는 인간의 감정이나 태도 등이 생산성에 더 많은 영향을 미친다는 것을 알아냈단다.

그래서 담임선생님의 피자를 사주시겠다는 조건이 큰 효과를 보지 못한 것이로군요.

그렇지. 사실 할아버지께서 학생이셨을 때에만 해도 전기보급이 안돼서 전등 대신 등잔불 밑에서 책을 읽는 경우가 많으셨대. 그래도 공부를 하려는 마음이 있는 사람은 열악한 조건을 탓하지 않고 꾸준히 노력해서 우리나라가 이렇게 발전할 수 있도록 많은 도움을 주셨단다. 조건도 중요하지만, 마음 역시 매우 중요하다는 것이 경영학 역사뿐만 아니라 우리의 일상에도 그대로 녹아 있단다.

맞는 말씀이세요. 조건보다는 마음이 더 중요하다는 것을 저를 포함한 우리 반 친구들이 모두 이해하고 분발해야겠어요.

우리 미래가 이젠 제법 어른스러운 말도 하는구나.

경영학을 공부하는데 이젠 저도 뭔가 바뀌어야죠.

호손연구

- 미국의 전화기 제조회사인 웨스턴일렉트릭(지금의 루슨트테크놀러지) 시카고 호손 공장에서 1924년~1927년에 과학 아카데미와 협력하여 실시한 일련의 실험연구로 조명의 밝기가 작업자의 생산성에 미치는 영향을 알아보는 것이 목적이었다. 그러나 놀랍게도 조명의 밝기와 작업능률의 차이가 거의 발생하지 않았다. 작업자들에게 관심을 기울였던 것이 그들이 열악한 조건을 극복하고 일할 수 있는 이유였다고 밝혀졌다.

  이러한 기현상을 좀 더 분명히 파악하기 위해 1927년~1932년까지 하버드대학교 엘튼 메이요 교수의 주도하에 본격적인 연구가 시작되었다. 연구의 중심은 작업능률과 인간적 여러 요인(태도나 인간관계 등)의 관계를 구명하는 것으로 실험결과 작업능률과 생산성은 인간관계, 감독 방식, 작업자 개인의 노동의욕 등과 밀접한 관계가 있다는 것, 고충의 청취에 의한 의사소통의 개발, 비정규 그룹과 비정규적 리더의 존재를 밝혀낸 것 등이 이 실험의 큰 성과이다.

호손효과(Hawthorne effect)

- 새로운 관심을 기울이거나 관심을 더 쏟으면 사람들은 기대에 부응하고자 행동과 능률에 변화를 일으켜 성과가 개선되는 현상을 말한다.

엘튼 메이요(Elton Mayor, 1880~1949)

- 오스트레일리아에서 태어났다. 하버드대학교의 교수를 역임했으며 '인간관계론'을 정립했다. '인간관계론'이 대두 된 이후 사회적, 인간적 측면이 경영학 연구의 핵심으로 집중 조명을 받았으며 오늘날 다양한 동기부여 방식에도 영향을 미쳤다.

"코카콜라도 처음에는 한 약국에서만 팔던 음료수였다?"

다양한 유통형태.
1. 소매(retail)
2. 도매(whole sale)
3. 생산자 직거래
4. 자체상품(Private brand goods)

아빠, 생산성을 높여서 원가를 낮추면 기업에 이익이 더욱 커지잖아요. 그럼 기업은 원가를 낮추고 생산성을 높이는 일에만 집중하면 성공을 거두지 않을까요?

좋은 제품을 남들보다 싸게 만들면 아무래도 유리하겠지. 하지만, 제품을 만들어 놓기만 하고 유통을 제대로 하지 못하면 낮은 원가와 높은 생산성도 많은 효과를 발휘하기 어렵단다.

유통이 그렇게 중요한가요?

유통이란 물품이 생산자로부터 소비자에게 도달하는 과정을 말한단다. 쉽게 말해서 생산자가 만든 제품을 소비자에 전달하는 것을 유통이라고 하는데 유통이 잘 되면 물건이 세상에 널리 퍼지겠지만, 유통이 안 되면 물건이 소비자에게 제대로 전달되지 못하겠지.

아무리 좋은 제품도 유통에 문제가 발생하면 소비자에게 전달하는데 큰 문제가 생기겠군요.

그렇단다. 그래서 기업은 소비자에게 제품이 효과적으로 전달되도록 유통전략을 무엇보다 세심하게 신경 쓰고 있단다. 사실 코카콜라도 처음에는 유통이 제대로 되지 않는 이름 없는 음료수에 불과했거든.

코카콜라도 처음에는 유통이 제대로 되지 않던 제품이었다고요?

그랬단다. 지금은 어디를 가도 쉽게 구할 수 있는 코카콜라도 처음에는 시골의 작은 약국 한 곳에서만 판매하던 이름 없는 음료수였단다. 팸퍼튼이라는 약사가 개발한 코카콜라는 처음에는 만병통치약으로 약국에서만 판매했는데 사람들이 컵을 가지고 와서 사 먹어야 하는 불편한 형태였어. 게다가 하루 판매량이 열 잔이 채 되지 못할 만큼 유통과는 거리가 먼 상품이었지.

지금은 흔하게 볼 수 있는 콜라가 예전에는 한 장소에서만 판매하던 제품이라는 것이 믿어지지 않아요. 아빠, 그럼 언제부터 본격적으로 코카콜라의 유통이 이루어졌나요?

아서 챈들러라는 사람이 코카콜라의 제조법을 팸퍼튼으로부터 사들인 후 본격적인 유통을 시작했단다. 그전까지 약국에서만 팔리던 제품을 병에 담아 좀 더 먼 거리에 있는 소비자에게 전달했고 판매지역은 차츰 넓어지기 시작했지.

와, 정말 본격적인 유통을 시작하니까 장사도 잘되고 제품이 널리 퍼져 나가기 시작했네요. 그럼 그 이후에는 어떻게 되었어요?

로버트 우드러프라는 사업가가 코카콜라를 다시 사들인 후 전 세계로 유통하기 시작했단다. 그런데 이렇게 전 세계로 코카콜라가 공급된 데에는 아주 중요한 계기가 있었어. 그것은 바로 세계 2차 대전이란다. 일본의 진주만 공습을 받은 후 미국은 세계 2차 대전에 본격적으로 참전하는데 이때 로버트 우드러프는 전 세계에 나가 있는 미국

군과 연합군에게 콜라를 거의 원가에 공급하는 조건으로 설탕배급제에서 코카콜라만 제외해줄 것을 건의했어.

설탕배급제요? 코카콜라만 제외해 달라고 건의했다고요?

설탕을 배급제로 한다면 식품회사에서 식품을 제대로 만들 수 있겠니?

아뇨. 당연히 배급받은 설탕의 양만큼만 만들 수 있을 거예요.

바로 그 점을 로버트 우드러프는 잘 알고 있었어. 그래서 결국 집요한 로비와 설득으로 코카콜라는 설탕배급제에서 제외된단다. 이때 다른 경쟁회사는 콜라를 양껏 만들 수 없었지만, 코카콜라만큼은 예외였어. 그래서 세계 2차 대전을 계기로 전 세계에 널리 유통할 수 있었단다. 대부분의 사람들에게는 전쟁이 위기였지만 코카콜라에는 다시없는 절호의 기회였던 셈이야.

우와, 그런 극적인 계기가 있었군요. 그래서 코카콜라가 더 빠르게 공급될 수 있었고요. 아빠, 유통이 정말 중요하다는 생각이 들어요. 아무리 좋은 제품도 유통하지 못하면 널리 퍼질 수 없다는 말이 무슨 뜻인지 이제 알 것 같아요.

그래. 낮은 원가로 좋은 제품을 만드는 것도 중요하지만, 제품을 곳곳으로 공급하려면 유통이 꼭 필요하단다. 한 곳의 약국에서만 팔리는 콜라를 상상이나 할 수 있겠니?

정말 상상하기 어려워요. 우리가 쉽게 사 먹을 수 있는 제품도 알고 보면 유통이 만들어준 선물이네요!

그렇지. 유통이 만들어준 선물 덕분에 우리가 많은 제품을 주변에서 쉽게 살 수 있는 거란다.

다양한 유통형태

1. 소매(Retail)

물건을 생산자나 도매상으로부터 사들여 개인 소비 목적의 최종 소비자에게 판매하는 유통형태. 동네 식품점, 편의점 등이 대표적인 경우이다.

2. 도매(Whole sale)

소매를 제외한 판매형태로 도매업자 · 소매업자 · 각종 업무용 구입자에 대한 상품 또는 서비스 판매를 일컫는 용어. 생산자로부터 물건을 대량 구매하고 또 다량으로 물건을 판매하기 때문에 일반적으로 소매가격보다 도매가격이 저렴하다.

흔히 도매가격에 판매한다거나 도매가격으로 모신다는 말은 저렴한 가격에 물건을 판다는 의미다.

3. 생산자 직거래

생산자가 생산한 물건을 중간 유통단계를 거치지 않고 소비자에게 직접 판매하는 것을 말한다. 00직거래장터, 00축산물직거래 등의 이름으로 판매하는 경우를 쉽게 볼 수 있다. 좀 더 저렴하고 믿을 수 있는 제품을 판매한다는 것이 목적이지만 실제 직거래인지, 소매상의 또 다른 영업행위인지 소비자의 현명한 판단이 필요하다.

4. 자체상품(Private brand goods)

PB상품이라고도 한다. 백화점이나 마트와 같은 대형소매상에서 소비자의 욕구를 분석한 후 자체개발하여 제조업체에 생산을 의뢰하고 생산자로부터 직접 공급받아 유통단계를 줄이며 광고홍보비를 절약하여 저렴한 가격에 내놓는 자체상품을 말한다.

특히, 라면은 업체별로 매우 다양한 PB상품을 볼 수 있다. 이마트의 '맛으로 승부하는 라면', 홈플러스의 '소문난 라면', 롯데마트의 '롯데라면', 패밀리마트의 '500컵', GS25의 '틈새라면' 등이 대표적이다.

"신발, 장난감, 가전제품에도 킬러가 있다?"

카테고리 킬러(Category killer).
상품 분야별로 여러 곳에 특화한 전문 매장을 갖추고
이를 집중적으로 판매하는 소매업체.

 여보, 당신 아무래도 내일부터 조깅을 다시 시작해야겠어요.

 아니, 왜요?

 요즘 배가 너무 나온 것 같아요. 건강을 위해서라도 운동은 꾸준히 해야죠.

 그런가? 어쩐지 요즘 몸이 좀 피곤하더라니……. 이제라도 정신 차리고 관리 좀 해야겠군.

 러닝화가 없으니 저렴한 것이라도 하나 사서 본격적으로 시작해봐요.

 그럼 저녁 먹고 가까운 운동화 매장에 잠깐 들릅시다.

 저도 같이 가요. 거긴 정말 없는 브랜드가 없어요. 좋은 운동화는 전부 모아 둔 것 같아요.

그래. 다 같이 천천히 둘러보자.

그리고 부탁드릴 게 있어요. 오는 길에 가전제품 판매점에 잠깐 들르면 안 될까요? 제가 쓰던 전자사전이 고장 나서 그러는데 이번에는 좀 신중하게 살펴보고 선택하려고요.

그러지 뭐. 가전제품 판매점도 들러서 살펴보기로 하자.

네! 그런데 아빠, 운동화나 가전제품은 회사마다 자기 제품만 판매하는 전용매장이 있지 않나요?

그렇지. 회사마다 자사제품만 판매하는 전용매장이 있지. 그런데 갑자기 그건 왜 물어보니?

근데 가전제품 판매점은 전용매장과는 다르게 자사에서 생산한 제품은 하나도 없고, 전부 다른 회사가 생산한 제품을 가져와서 판매만 전문적으로 하잖아요. 그것도 한 분야의 제품만 집중적으로 판매하는 것을 보면 정말 희한해요.

그건 카테고리 킬러이기 때문에 그렇단다.

예? 킬러요? 그건 액션영화에나 나오는 이름이잖아요.

하하하. 그런 킬러 말고, '카테고리 킬러'라고 해서 특정한 분야의 다양한 제품을 전문적으로 유통하고 판매하는 소매업을 말하는 거야.

아, 특정 분야의 제품을 전문적으로 유통하고 판매하는 것을 '카테고리 킬러'라고 하는군요. 그런데 킬러라는 표현을 쓴 이유가 뭐예요?

킬러라는 표현은 좀 삭막하지? 이런 형태의 판매방식이 인기가 좋다 보니 주변에 비슷한 물건을 취급하는 가게들이 맥을 못 추게 되었거든. 그래서 킬러라는 명칭을 쓴단다.

킬러라는 이름이 괜히 붙은 게 아니군요. 이렇게 한 분야의 제품만 전문적으로 판매하는 것이 소비자에게 어떤 도움을 주기에 인기가 많은 걸까요?

좀 전에 네가 집 근처의 운동화 전문매장에 가면 없는 브랜드가 없어서 너무 좋다고 하지 않았니? 그만큼 소비자는 이곳저곳 다닐 필요 없이 한 곳에서 이 회사 저 회사의 제품을 쉽게 비교할 수 있으니까 쇼핑 시간도 절약되고, 또 대량으로 제품을 유통하는 곳이다 보니 가격이 저렴해서 좋지 않을까?

정말 그러네요. 저도 그 운동화 전문매장에 가면 고민 없이 한번에 살펴보고 결정할 수 있어서 좋거든요. 게다가 가격도 저렴해서 마음에 들고요. 그런데 아빠, 운동화나 가전제품 말고 다른 제품도 카테고리 킬러가 있나요?

카테고리 킬러가 처음 등장한 것은 미국이었단다. 1980년대에 장난감, 가전제품을 중심으로 시작했지만, 지금은 친환경 제품만 판매하는 식료품 가게, 화장품만 모여 있는 뷰티숍 등 분야를 가리지 않고 다양하게 등장하고 있지.

와, 정말 곳곳에 사람들 마음을 끄는 킬러가 있네요.

하하하. 그러네. 킬러가 꼭 무서운 뜻은 아니로구나.

카테고리 킬러(Category killer)

- 상품 분야별로 전문매장을 특화해 상품을 판매하는 소매점. 1980년대 초 미국에서 처음 등장한 소매 형태로 장난감, 가전제품 등으로 시작해서 지금은 다양한 분야로 확대되었다.
상품 분야별로 여러 곳에 특화한 전문 매장을 갖추고 이를 집중적으로 판매하는 소매업체를 통틀어 일컫는다.

대한민국 1위의 카테고리 킬러는?

- '하이마트(Hi mart)'
1999년 설립되어 2010년 기준으로 약 270개의 매장을 보유하고 있으며, 2009년 기준 2조 7천억 원의 매출을 올린 대한민국 1위의 카테고리 킬러다. (출처: 하이마트 홈페이지)

세계에서 가장 큰 장난감 카테고리 킬러는?

- '토이저러스(ToysЯus)'
'토이저러스(ToysЯus)'라는 알파벳 R이 다소 우습게 배치된 이 회사는 1948년 '찰스 라 자러스'라는 사람에 의해 워싱턴에서 아동용 가구를 판매하는 가게로 시작했으며, 이후 1958년에 지금의 '토이저러스'라는 이름의 매장을 세워 장난감을 전문적으로 판매하는 곳으로 거듭난다. 현재 전 세계 33개국에 1,560개의 매장을 가지고 있는 세계 최대의 장난감 카테고리 킬러다. (출처: 토이저러스 홈페이지)

6장 조직과 인적자원관리

"사람들은 왜 함께 모여서 일하는 거죠?"

> "조직은 특정한 목적을 가지고 그 목적을 달성하기 위하여
> 조직구성원 간에 상호 작용하는 인간의 협동집단".
>
> − 사회학자 베버(Weber)

학교 다녀왔습니다.

어서 오렴. 오늘 학교에 늦지는 않았니?

다행히 늦지 않았어요. 그런데 평소와 달리 오늘 아침에는 버스 타는 사람들이 너무 많았어요.

아마 어제까지가 연휴여서 오늘 사람들이 서둘러 출근하느라 그랬을 거야.

학생도 많고 회사원도 많고 정말 만원버스에 찜통 버스였어요. 사람들이 같은 시간에 한꺼번에 몰리는 모습을 보고 궁금해졌는데요. 사람은 왜 함께 모여서 일하는 거죠?

같이 모여서 일해야 일이 더 잘되지 않을까? 글쎄, 자세한 것은 아빠한테 한 번 여쭤보자.

아빠, 사람은 왜 함께 모여서 일하는 거예요?

혼자 일하면 심심하니까?

예? 푸하하하! 그것 말고 다른 이유는 없나요?

하하하! 사실 사람이 모여서 함께 일하는 것은 어떤 목적이 있기 때문이란다. 이렇게 어떤 목적을 달성하기 위해 한 사람 이상이 모여 함께 일하는 것을 '조직'이라고 부르지. 가만히 생각해보렴. 미래가 학교에 다니는 이유는 뭘까?

친구를 만나고, 공부하고, 선생님께 이것저것을 배우는 등 다양한 이유 때문이죠.

그중에서 가장 중요한 목적이 있다면?

아무래도 공부를 열심히 해서 앞으로의 미래를 준비하는 것이 가장 중요하다고 생각해요.

그래. 학교에 가서 친구들과 함께 모여 공부하는 목적은 너의 미래를 준비하기 위해서야. 그리고 학교라는 조직의 목적은 교육을 통해 학생이 미래를 스스로 준비할 수 있도록 지식을 전달하는 것이란다.

회사도 목적이.있어서 조직을 구성한 건가요?

그렇단다. 회사도 나름의 목적이 있고 그 목적을 달성하기 위해서 여럿이 모여 일을 하는 거야.

그 목적이란 수익창출, 고객 만족, 성공적인 경영 등이겠죠?

오~ 지금까지 아빠가 경영학 수업을 한 보람이 있는데?

히히. 그런데요, 인간은 언제부터 이렇게 조직을 이루게 된 건가요?

진화론에 기반을 둔 사회학자들은 인류가 조직을 이루며 생활하게 된 계기를 인간이 사냥과 채집활동을 본격적으로 시작하던 때로부터 유래한다고 보고 있단다. 즉, 인간이 공동체 생활을 시작하면서부터 조직생활도 시작된 것이라는 말이지.

그러니까, 사냥과 채집활동을 할 때부터 조직이 형성되었다고 볼 수 있네요.

그렇지. 당시에는 혼자 사냥을 하고 채집활동을 하는 것이 보통 어려운 일이 아니었어. 특히, 상당수의 남자는 동물을 사냥하는 과정에서 크게 다치거나 목숨을 잃기도 했지. 그 후 남자들은 자신보다 힘이 센 동물의 위협을 피하고 효율적으로 사냥하기 위해서는 서로가 힘을 합쳐야 한다는 것을 알게 되었고, 그렇게 필요에 의해 조직을 이루며 한곳에 모여 공동체 생활을 시작하게 되었단다. 그것이 바로 조직의 시작이었고, 조직의 목적은 살아남는 것, 즉 생물학적 생존이었지.

그렇군요. 인간이 조직을 이루며 생활한 것은 생각보다 엄청난 역사를 가지고 있네요.

맞아. 인간의 역사와 함께 했다고 해도 과언이 아니지. 그런데 인류가 발전하면서 조직의 목적도 차츰 변모하기 시작했어. 처음에는 생물학적인 생존이었지만 이후 농경사회에서는 협동, 산업사회에서는 노동생산성 향상 그리고 오늘날에는 다양한 조직에 필요한 여러 가지 목적이 존재한단다.

아빠, 조직의 목적을 달성하기 위해 함께 일한다는 것을 알고 나니까 오늘 아침 만원 버스 안의 회사원들이 별로 원망스럽지 않아졌어요.

하하하. 그 어른들도 만원버스 안의 학생들을 원망했을지도 모르지 않니? 서로 목적은 다르지만 그래도 이해해주는 자세가 필요할 것 같구나.

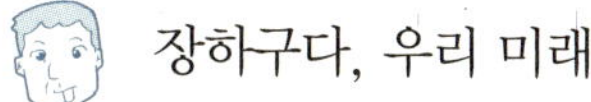 네, 아빠. 앞으로는 만원버스, 만원지하철 모두 이해할 수 있어요.

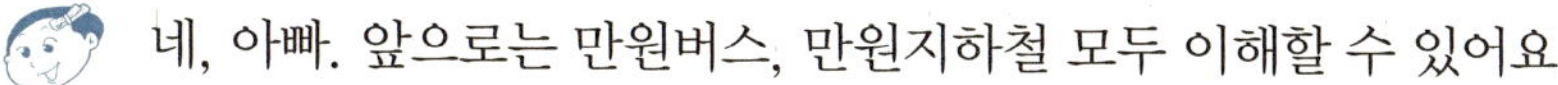 장하구다, 우리 미래!

조직의 정의

- 어떤 기능을 수행해나가도록 서로 협동하는 체제.
특정한 목적을 달성하기 위해 둘 이상의 사람이 모여 서로 협력하는 체제. 사회학자 베버(Weber)의 정의에 의하면 '조직은 특정한 목적을 가지고 그 목적을 달성하기 위하여 조직구성원 간에 상호 작용하는 인간의 협동집단'이다.

조직의 특징

- 첫째, 조직은 조직의 정의에서 알 수 있듯이 특정한 목적이 있다. 기업은 이윤추구, 봉사단체는 사회봉사, 정부는 공익추구 등의 목적이 있다.
- 둘째, 조직은 상하관계나 수평관계의 조직체계가 있다. 위계구조라고도 한다. 사장, 이사, 부장, 과장, 대리, 사원 등의 상하관계와 인사부, 총무부, 영업부, 생산부 등의 수평관계가 있다.
- 셋째, 조직을 운영하는 데 지침이 되는 규칙이 있다. 급여, 진급, 퇴사, 출퇴근 시간, 상벌 등에 대한 규정이나 규칙을 말한다.

탄력근무제

- 아침 9시 출근에 저녁 6시 퇴근으로 정형화되어 있는 것이 대부분이지만 근무시간을 탄력적으로 운영함으로써 업무의 유연성을 부여하는 제도를 말한다.
1960년대 말 독일의 한 기업에서 출퇴근 시간대의 혼잡을 피해 보고자 최초로 실시했다.
이후 교통 혼잡 완화뿐만 아니라 직원들이 자기 시간을 갖는 이점이 있자 확대하여 시행하였다.
우리나라에는 2008년부터 여성부에서 탄력근무제를 도입하여 실시하고 있으며 2010년 시행결과를 발표했는데 직원들의 만족도가 매우 높게 나타나 확대해 시행하기로 했다. 탄력근무제 덕분에 아침에 아이를 돌볼 수 있고, 통근 혼잡을 피할 수 있으며, 삶의 여유와 만족도가 매우 높아졌다고 한다.

"조직은 쓴맛이다?"

"(조직문화란)무엇이 좋고 나쁘며, 옳고 그른 것이 무엇이며, 구성원이 생각하고 행동하면서 적절한 방법이 무엇인가에 관해 규정하는 일련의 구성원 간에 공유된 의미이다."

– 왓슨(T. J Watson)

성발 신경질 나요! 그리고 실망스러워요.

미래야 왜 그러니? 학교에서 무슨 일이 있었니?

세상에, 아무도 말을 안 하는 거 있죠? 선생님께서 우리 학교의 발전을 위해서 가장 필요한 것이 무엇인지 말하라고 하셨는데 아무도 대답을 안 하는 거예요!

그래? 그럼 네가 말하지 그랬니?

제가 말할까도 생각했는데, 제가 반장도 아니고 좀 나서는 것 같아서 일부러 가만히 있었거든요. 그런데 반장도 그렇고 모두 침묵만 지키더라고요.

아빠가 보기엔 다른 아이들도 모두 미래와 같은 생각을 한 것 같은데? 네가 말하지 않은 또 다른 이유가 있니?

사실 예전에도 한 번 건의했었는데요, 제대로 지켜지지도 않고 너무 솔직하게 말하면 혼나기도 했거든요. 그래서 건의해봐야 별 소용없겠구나 싶어서 말을 안 했어요.

다른 아이들도 모두 그렇게 느꼈을 거야. 약속한 것은 아니지만 네 친구의 생각과 행동의 기준은 조직문화를 따른 것이란다.

조직문화요? 문화상품권은 들어 봤어도 조직문화는 처음 들어요. 게다가 저희 반 친구들이 조직문화를 따른 것이라면 저도 알아야 할 텐데 저는 솔직히 우리 반의 조직문화가 뭔지 전혀 모르겠는데요?

모르는 것이 어찌 보면 당연하단다. 조직문화는 조직 구성원의 생각과 행동의 판단기준이 되는 것으로 각자의 마음속에 있거든. 쉽게 말해서, 건의해봐도 소용없다는 생각이 모두의 마음속에 있었기에 아무도 말하지 않았던거야.

옆 반은 건의사항이 열 개도 넘게 나왔대요. 그럼 옆 반은 왜 그런 거죠?

그건 옆 반의 조직문화가 너희 반과 다르기 때문이란다. 우리 집의 분위기와 옆집의 분위기가 다른 것처럼 모든 조직에는 나름의 조직문화가 있고 그것은 각각 다르단다. 활기차고 즐거운 곳과 침울하고 경직된 곳의 조직문화는 다를 수밖에 없지 않겠니?

조직마다 분위기가 다르다면 아빠가 다니시는 회사의 조직문화는 어때요?

상당히 활발하고 적극적이야. 직원이 회사의 발전을 위해서 다양한 아이디어를 내놓고 서로 격려해주면서 일하기 때문에 분위기가 너무 좋단다. 이런 조직문화는 아빠가 근무하는 회사의 장점이야. 많은 부분이 창업자 덕분이라고 할 수 있지.

창업자 덕분이라면 지난번 신문에 나오셨던 그 멋진 분요?

하하, 그래. 그분이 창업하실 때부터 지금까지 가진 변함없는 생각은 바로 직원이 회사의 주인이라는 것이다. 이런 창업자의 신념이 회사의 조직문화로 자리 잡아서 직원들이 활기차게 일하고 있어. 실제로 조직의 리더는 조직문화에 많은 영향력을 행사한단다.

마치 할아버지가 편찮으시면 우리 집 분위기 전체가 갑자기 우울해지는 것처럼 말이죠?

그래, 맞는 말이다. 조직의 우두머리가 조직문화에 미치는 영향력은 매우 크기 때문에 회사의 대표가 교체되거나 예전과 확연히 다른 행동을 하게 되면 조직문화도 함께 변화하기 시작하지. 참, 너희 학교 이번에 교장 선생님이 바뀌었다고 하지 않았니?

네, 맞아요. 얼마 전에 새로 오셨는데 요즘 학교 분위기가 조금씩 바뀌는 것 같아요.

어떻게 바뀌고 있는데?

뭐랄까요, 전체적으로 한번 열심히 해보자는 분위기가 조금씩 생기고 있어요.

그것 참 잘 됐구나. 아빠가 보기에는 이제 너희 반에서도 학교발전을 위해 의견을 제시하는 아이들이 차츰 늘어날 거야. 조직의 리더가 바뀌고 좋은 분위기가 조직에 퍼지고 있으니 조직문화도 더욱 건강하게 변할 게 틀림없다.

그랬으면 좋겠어요. 저를 포함해서 모두가 좀 더 적극적으로 공부하고 적극적으로 참여했으면 해요.

그래, 조직문화는 리더만 잘한다고 되는 것은 아니니까 교장 선생님께서 열심히 하시는 만큼 선생님도 그리고 너희도 모두 적극적으로 참여하고 노력해야만 한단다. 그렇게 되면 아마 너희 학교가 전국에서 가장 주목받는 학교가 될 거라고 아빠는 확신해.

아빠 말씀을 들으니까 교장 선생님이나 담임선생님을 도와서 제 역할을 잘해야겠다는 생각이 드네요.

이왕 하는 김에 아빠를 도와서 우리 집 조직문화도 더 발전시켜 보는 게 어때?

좋아요! 히히.

| 경영학 용어 정리 |

조직문화의 정의

- 조직문화는 쉽게 말해서, 조직의 구성원이 서로 정하지 않았음에도 공통으로 행하는 행동, 판단, 생각 등을 말한다. 어떤 조직은 직원이 즐거운 마음으로 헌신적으로 일하고 어떤 조직은 부정적인 생각으로 갈등과 대립을 한다면 두 조직은 서로 다른 조직문화를 가지고 있다고 말할 수 있다.

조직문화에 대한 학자들의 정의

에드거 H. 샤인(E. H. Schein)
"조직 내에서 외적인 적응과 내적인 통합의 문제를 극복하기 위해 구성원에 의해 창조, 발전하여 그들의 행동을 이끄는 기본적인 가설, 즉 공유된 가치와 신념의 시스템이다."

로빈슨(S. P. Robbins)
"다른 조직과 차별화되는 조직 내 구성원의 공유된 의미의 시스템이다."

왓슨(T. J Watson)
"무엇이 좋고 나쁘며, 옳고 그른 것이 무엇이며, 구성원이 생각하고 행동하면서 적절한 방법이 무엇인가에 관해 규정하는 일련의 구성원 간에 공유된 의미이다."

리더와 조직문화의 관계

- 히딩크 감독과 대한민국 축구팀의 변화를 보면 리더가 조직문화에 미치는 영향력을 쉽게 알 수 있다. 히딩크 감독 부임 전에는 선후배 관계가 경직되어 있고, 팀 내 대화가 부족하며 자신감이 다소 떨어져 있었다고 한다. 그러나 히딩크 감독이 부임하여 온 이후로 개방적인 선후배 관계, 원활한 팀 내 대화 그리고 뚜렷한 목표의식과 넘치는 자신감이 한국 팀 분위기로 자리 잡았다.
리더가 조직문화에 미치는 영향은 매우 커서 조직의 분위기와 특징을 완전히 바꿔 놓기도 한다. 경기장에서 선후배 간의 불편한 호칭과 존칭을 없애고 빠르게 소통하기 위해 이름을 부르게 한 것이 대표적인 사례다. 많은 후배가 선배의 이름을 부르는 것을 꺼리고 있던 상황에서 김남일 선수가 팀 내 최고 선배였던 홍명보 선수에게 "명보야, 밥 먹으러 가자!"라고 말해서 한바탕 웃음이 터진 것은 유명한 일화다.

"면접은 왜 보는 거죠?"

여보, 막내 도련님이 최종 면접에 합격했다고 전화 왔었어요. 다음 달부터 출근한대요.

취업 때문에 마음고생이 심했을 텐데 정말 잘 됐네.

그러게 말이에요. 도련님 취업도 했으니까 우리 축하파티라도 해요.

그럽시다. 이런저런 이야기도 나누고 함께 식사해요.

이제 삼촌도 정장 입고 회사에 다니시는 거예요?

그래. 다음 달부터 삼촌도 어엿한 대한민국 직장인이 된단다.

얼마 전까지만 해도 학생이었는데 갑자기 회사원이 된다고 하니 믿어지지가 않아요. 아빠, 회사에 들어가기 위해서는 면접이라는 것을 보잖아요? 면접은 왜 보는 거죠?

글쎄다. 미래는 면접을 왜 보는 것 같니?

자세히는 모르겠지만, 이것저것 물어보면서 실력도 알아보고 서로 대화도 나눠 보려고 하는 것 아닐까요?

무엇보다 중요한 것은 면접을 통해 그 사람이 회사의 인재로서 적합한 인물인지 아닌지를 알아보기 위해서란다. 사람의 가치관, 판단력, 실력, 예절, 문제 해결 능력 등 다양한 부분을 살펴보고 종합적으로 평가하기 위해서 면접은 꼭 필요하거든.

면접이 생각보다 아주 중요하네요. 그러면 다양하고 까다로운 면접을 통해서 인재를 뽑는 이유는 뭐예요? 어차피 실력이 비슷한 사람이라면 회사에 들어와서도 다들 비슷하지 않을까요?

그렇지 않단다. 까다롭고 다양한 면접을 통해 사람을 뽑는 것은 적합한 인재를 채용하기 위한 인적자원관리의 기초이기 때문이란다.

인적자원관리요? 그건 뭐예요 아빠?

경영을 위해서는 자본이라는 물적 자원도 중요하지만 사람이라는 인적자원 또한 매우 중요하거든. 아무리 풍부한 자본과 시설을 갖추었다 하더라도 일하는 사람이 제대로 하지 못하면 경영은 어려워질 것이고 반대로 자본이나 시설은 보통이지만 일하는 사람이 높은 수준에 있으면 회사의 경영은 훨씬 좋아지지 않겠니?

그렇죠. 아프리카에 좋은 시설을 갖춘 축구장이 없어도 세계적인 축구선수가 나오고 국가대표의 실력이 만만치 않은 이유와 비슷한 거네요.

그렇단다. 결국, 사람이라는 인적자원이 경영에서 차지하는 비중이 상당히 크다고 할 수 있지. 그런 중요한 인적자원을 선발하는 방법 중 대표적인 것이 면접이야.

아하, 그래서 회사는 인재를 채용할 때 면접을 보는군요. 아빠, 면접을 볼 때는 주로 어떤 질문을 하나요?

그건 회사마다 다르단다. 회사가 주로 하는 일이나 필요로 하는 인재의 조건에 따라서 다양한 질문과 과제를 주기도 하거든. 창의성을 알아보기 위해서는 독창적인 질문을 할 것이고, 협조성을 알아보려면 함께 풀어야 하는 과제를 줄 것이고, 인내심을 알아볼 때는 훈련이나 캠프에 참여시키기도 하지.

면접을 보러 가는 사람은 무조건 회사가 요구하는 대로 잘해서 선택을 받아야 하는 건가요? 그러면 면접이 너무 일방적이라는 생각이 드네요.

면접은 회사가 인재를 뽑는 방법의 하나기도 하지만, 반대로 인재가 평소에 궁금했던 것을 면접관에게 직접 물어보고 답변을 들어봄으로써 회사를 더 자세히 아는 방법이기도 하단다. 이렇듯 면접은 회사와 인재가 만나 서로 알아보는 유익한 관문이야.

인재를 뽑는 일이 생각보다 쉽지 않은 것 같아요.

당연하지. 적합한 인재를 뽑는 것이 어디 그렇게 쉬운 일이겠어? 배우 한 명을 뽑기 위해서도 엄청나게 많은 사람을 일일이 오디션을 봐서 선발하지 않니? 기업도 한 사람의 인재를 뽑기 위해서 많은 노력을 기울이고 있단다.

갑자기 삼촌이 대단해 보여요. 까다롭고 어려운 면접을 통과한 인재잖아요.

아무래도 삼촌이 오늘 여러 사람에게 축하를 받을 것 같구나.

그러게 말이에요. 정말 잘 됐어요.

면접방식이 독특한 회사

사우스웨스트항공사 (Southwest Airlines)

구직자의 실력보다 올바른 태도, 친절 그리고 팀워크를 중요한 가치로 여긴다. 구직자의 태도를 알아보기 위한 방법으로 암행면접관제도를 시행하기도 한다. 암행면접관은 누가 보더라도 면접에 영향을 미칠 것 같지 않은 사람이 후보자의 태도를 살펴보고 당락을 결정하는 것인데 한 번은 조종사 면접을 보러온 어떤 후보가 접수대의 직원에게 불친절한 태도로 대했다고 한다. 당시의 회장이었던 허브 켈러허는 이 사실을 보고받은 후 그 후보자를 탈락시켰다. 그리고 "비행기를 조종할 수 있는 사람은 많아도, 올바른 태도를 보인 사람은 드물다"라며 탈락 이유를 설명했다고 한다.

하이랜드 소프트웨어 (Highland Software)

즐겁게 일하는 것을 중요하게 생각하는 기업이다.
지원자에게 자신의 꿈이나 자기 자신을 몸짓으로 표현해 보라는 과제를 주고 얼마나 적극적으로 표현하는지를 본다. 지원자 중에는 자신이 매우 활동적이며 적극적이라는 것을 알리기 위해 동물 마스크를 쓰고 온 사람도 있었다고 한다.

면접관들이 뽑은 꼴불견 구직자는? (잡코리아, 기업인사담당자 대상, 2010년)

1위 : 면접 볼 것처럼 해놓고 면접 당일에 안 나오는 사람
2위 : 입사 후 며칠 지나지 않아 나가버리는 사람
3위 : 이곳저곳 무작정 지원하고 다니는 사람

구직자가 뽑은 꼴불견 면접관은? (잡코리아, 남녀구직자 1,021명 대상, 2010년)

1위 : 면접 시 반말 등 무시하는 말투를 사용하는 면접관
2위 : 입사 후의 처우나 연봉 등을 명확하게 공개하지 않는 면접관
3위 : 열악한 급여나 환경에도 구직자에게 너무 많은 요구를 하는 면접관

"회사 안에 카페와
수영장이 있는 이유가 뭐죠?"

기업은 복리후생을 직원에게 제공하고
직원은 만족감을 바탕으로 기업의 성과와 이익에 이바지한다.

아빠, 신문에서 보니까 미국에 있는 구글(Google)이라는 기업은 회사 안에 카페와 수영장도 있다면서요?

카페와 수영장만이 아니란다. 가족이 함께 식사할 수 있는 뷔페식당도 있고 볼링장도 있어.

와, 세상에 그런 회사가 다 있다니 정말 환상이네요. 저도 나중에 꼭 구글에 들어갈래요.

하하하. 녀석, 뷔페식당에 완전히 넋이 나간 모양이구나.

제가 먹는 것에 좀 약하잖아요. 그런데 아빠, 회사에 카페나 수영장이 있는 이유가 뭐죠?

직원들의 만족도를 높여서 더 열정적으로 일하도록 해주고 유능한 인재가 회사를 쉽게 떠나지 않도록 하기 위해서란다. 이렇게 직원의 만족도를 높이기 위해 회사가 재정적인 지원과 편의시설 등을 제공하는 것을 '복리후생제도'라고 하지.

그런 이유가 있었군요. 직원의 만족도를 높이기 위해 복리후생제도가 필요하다는 것은 짐작했는데, 유능한 인재를 떠나지 않게 하려는 이유도 있는 줄은 몰랐어요.

면접을 보는 이유는 좋은 인재를 선발하기 위해서라고 했던 것 생각나지? 그렇게 힘들게 뽑은 인재가 쉽게 떠난다면 회사는 손해가 크지 않을까?

그렇겠네요. 하지만 유능한 인재가 떠나면 더 유능한 인재를 다시 뽑으면 되지 않을까요?

그래. 사람이 떠나면 그 자리를 대신할 또 다른 사람을 뽑으면 되겠지. 하지만, 기업 입장에서는 회사의 사정을 다 알고, 회사에서 많은 경험을 쌓았던 전문가가 빠져나가는 것이 된단다. 그러니까 새로 뽑은 사람이 다시 이전 사람처럼 전문가가 되도록 하기 위해서는 시간과 비용의 투자를 다시 시작해야 하고, 투자한 시간과 비용만큼의 손실을 보겠지.

그러니까 복리후생제도는 기업이 유능한 인재를 붙잡아 둠으로써 인적자원관리를 잘하기 위함이라는 말씀이시죠?

그렇지. 우리 미래는 하나를 알려주면 열을 깨우치네.

고마워요, 아빠. 그런데 직원이 회사를 떠나면 기업 입장에서는 손해가 크다고 하셨는데요. 어느 정도의 손해가 있는 거죠?

그야 그 사람이 평소에 어느 정도의 능력을 발휘하고 어떤 일을 담당하고 있었는지에 따라 다르지만, 모 기관의 조사에 의하면 한 사람이 퇴직할 때마다 대략 1천 9백만 원 정도의 손실이 발생한단다.

정말 큰 손실이네요. 왜 회사에 수영장이나 카페를 만드는지 이해할 수 있어요. 만약 100명이 회사를 떠나 버리면 19억 원이나 손해를 보는 것이잖아요.

그렇지. 그런 점에서 직원들이 회사에 만족하고 자신의 능력을 충분히 발휘하면서 오랫동안 일하여 성과를 내는 것은 회사나 직원 모두에게 좋단다.

경영은 알면 알수록 신기하네요. 아빠, 복리후생제도에는 어떤 것들이 있나요?

과거에는 회사마다 거의 비슷한 제도를 두고 있었지만 지금은 기업마다 독특한 복리후생제도를 가지고 있어서 직원들의 만족도도 점점 커지고 있지. 회사 안에 탁아소를 두고 있어서 아이와 함께 출근할 수 있는 곳도 있고, 직원들이 취미활동을 함께 할 수 있도록 지원해 주는 곳도 있고, 퇴근 후 자기계발을 위해 공부할 수 있도록 학자금을 주는 기업도 있단다.

와, 회사는 아무리 생각해봐도 좋은 곳이에요.

그러면 미래도 내일부터 아빠 회사에 출근할래?

싫어요. 저는 복리후생제도가 훨씬 좋은 우리 집이 좋아요.

하하하. 요 녀석, 벌써 복지제도 전문가가 되었네?

복리후생(Welfare)

• 직원의 사기진작과 복지향상을 위해 급여 외에 지급하는 모든 비용, 시설, 제도를 말한다. 기업은 복리후생을 직원에게 제공하고 직원은 만족감을 바탕으로 기업의 성과와 이익에 이바지한다. 기업의 효과적인 인적자원관리를 위해 없어서는 안 될 중요 수단이다.

차별화된 복리후생제도 살펴보기

선마이크로시스템즈(Sun Microsystems)

'SunU'라는 사내 대학 프로그램이 있다. 방대한 교육 과정을 제공하여 구성원이 필요하면 아무 때고 원하는 지식을 습득하고 개인 발전을 도모할 수 있도록 지원하고 있다.

이스트알라바마 메디컬센터(East Alabama Medical Center)

직원이 재직 중 사망 시 유가족에게 학비를 보조하는 프로그램을 운영하고 있다. 배우자나 부모의 사망으로 정신적인 고통을 받고 있을 직원의 가족이 겪게 될 재정적인 곤란함을 직원이 세상을 떠난 후까지 챙겨주는 놀라운 제도다.

이나식품공업

직원이 비싼 고리의 사채를 쓰지 않게 하는 직원대출제도가 있다. 또, 회사까지 오는 대중교통이 불편하다 보니 자가용으로 출퇴근하는 직원이 대부분인 점을 고려하여 타이어 교체비용을 지원해주고 직원의 자택 차고를 개량하는 데에도 보조금 7만 엔을 지급해주는 프로그램 등이 있다.

"당근과 채찍, 고래와 메기가 있어야 회사가 잘 돌아간다고요?"

메기이론.
청어의 천적인 메기 몇 마리를 함께 운송해서, 운송하는 동안
청어가 위기의식을 갖고 긴장하게 만들어 싱싱하게
살아서 도착하게 했다는 데에서 유래한 이론이다.

아빠, 직원의 만족도를 높여서 더 열정적으로 일하게 하려고 복리후생제도를 운영한다고 하셨잖아요.

그랬지.

회사 차원에서는 복리후생제도를 최대한 많이 늘리면 조직운영도 역시 잘 되겠네요?

물론 없는 것보다 많은 것이 훨씬 좋겠지. 하지만, 복리후생제도 만으로 성과가 올라가고 경영이 잘 되는 것은 아니란다. 복리후생제도를 무조건 많이 늘리면 회사 차원에서는 큰 부담이 될 수밖에 없거든.

그러면 다른 어떤 방법으로 성과를 내고 경영을 효과적으로 할 수 있는 거죠?

회사는 사람이 모여 있는 곳이다 보니 사람들의 마음을 움직여야 성

과를 내고 경영도 더욱 효율적으로 할 수 있단다.

사람들의 마음을 움직인다고요? 심령술사나 마술사가 가진 기술을 동원해야 한다는 건가요?

하하하! 그런 방법보다는 동기부여를 통해 직원들의 마음을 좋은 방향으로 움직이게 할 수 있단다.

동기부여요?

사람은 누구나 어떤 행동을 하는 동기가 있게 마련이지. 배고프면 먹고, 졸리면 눕고, 아프면 쉬고 싶은 것처럼 더 의욕적으로 일하게 하는 원리도 같단다. 흔히, 당근과 채찍이라고 표현하기도 해.

당근과 채찍이요? 그건 어떤 뜻이죠?

동기부여를 위해 잘한 일에 대해서는 보상을 해주고 잘못한 일에 대해서는 책임을 묻는다는 의미야. 만일 아침에 늦게 일어나서 엄마를 고생시키지 않는 조건으로 미래의 용돈을 현재 수준에서 30% 더 높여주겠다고 하면 어떻게 할래?

와, 좋아요! 저 자신 있어요! 그 대신 꼭 약속 지키셔야 해요.

하하하. 그래 알았다. 그럼 네가 약속을 지키지 못했을 때는 어떻게 하겠니?

글쎄요.

이렇게 하자. 약속을 지키지 못했을 때는 그달은 용돈을 안 올려주는 거다. 오케이?

좋아요, 아빠. 내일부터 당장 시작해요!

자, 이렇게 네가 아침에 일찍 일어나겠다는 동기를 자극한 것이 바로 당근이고, 약속을 못 지키면 용돈을 올려주지 않겠다고 한 것이 채찍이란다. 지금 너에게 당근과 채찍을 사용해서 동기부여를 한 거야.

아하, 그렇군요. 아빠가 제 마음을 움직이신 거네요.

그렇지. 당근과 채찍을 통해서 미래의 마음을 좋은 방향으로 움직인 거야.

당근과 채찍만 잘 이용해도 실제로 사람의 마음을 움직여서 높은 효과를 거둘 수 있겠는데요? 정말이지 알면 알수록 경영은 참 신기해요.

당근과 채찍이 큰 효과를 발휘하는 것은 사실이란다. 하지만, 이 외에 고래와 메기를 동원하는 방법도 있어.

고래와 메기는 뭐예요? 점점 알 수 없는 이야기만 하시네요.

'칭찬은 고래도 춤추게 한다' 라는 말 들어봤지?

네, 들어봤어요.

칭찬과 격려도 상당한 동기부여 효과가 있단다. 만일 미래와 친구가 함께 열심히 봉사활동을 했는데 너는 칭찬받고 친구는 칭찬받지 못한다면 어떨까?

제 친구는 분명히 온종일 투덜거릴 테고 다시는 봉사활동 안 한다고 할 거예요. 확실해요.

그럼 칭찬받은 너는?

저는 또 하겠죠. 봉사활동이 조금 힘들더라도 칭찬받으면 보람 있고 기쁘기도 하니까요.

그런 이유 때문에 칭찬이 동기를 부여하는데 큰 효과가 있는 거란다. 같은 일을 했는데 한 사람은 보람 있고 기쁘지만, 한 사람은 다시는 안 하겠다고 하는 차이는 칭찬에서 찾을 수 있지.

정말 그러네요. 칭찬이 별것 아닌 줄 알았는데 사람의 마음을 움직이네요. 아빠, 메기는 또 뭐예요?

메기는 건전한 위기의식을 통해서 선의의 경쟁을 유도하고 그로 말미암아서 사람들이 생기 있게 움직이도록 하는 것을 말해. 메기이론이라고도 하지.

그러니까 사람들의 마음을 움직여서 성과가 나오게 하려면 칭찬도 필요하고 또 위기의식을 불어넣어서 선의의 경쟁을 유도해야 한다는 말씀이시죠?

그렇지. 우리 미래가 경영학에 대한 지식이 나날이 늘어가는구나.

히히. 솔직히 메기이론은 정확하게는 모르겠어요. 왜 메기가 위기의식과 선의의 경쟁을 뜻하는 표현인 거죠?

과거 북해에서 잡은 청어를 런던까지 운송하는 과정에서 많은 청어가 죽어 제값을 받지 못했단다. 그런데 한 어부는 청어를 산 채로 운송해서 비싼 값을 받아 팔고 있었지. 그래서 알아보니 청어의 천적인 메기 몇 마리를 함께 운송해서, 운송하는 동안 청어가 위기의식을 갖고 긴장했기 때문에 싱싱하게 살아서 도착했던 거래.

적당한 위기의식이나 경쟁은 오히려 사람들을 활발하게 움직이고 생기 넘치게 하는 효과를 발휘하겠네요.

그렇지. 바로 그런 의미야.

동기부여(Motivation)

- 사람들의 어떤 행동에는 나름의 이유가 있는데, 그 이유를 동기라고 한다. 사람들의 행동을 특정한 방향으로 유도하기 위해 동기를 제공하고 자극하는 것을 동기부여라고 한다.

대표적인 당근(동기부여)의 사례

- 동기부여를 위해 사용하는 대표적인 당근으로는 남들보다 많은 급여, 보너스(성과급), 선물 등의 금전적인 방법에서부터 최근에는 희망하는 부서로의 이동, 복지시설 확대, 동호회 후원, 가족여행 지원 등 다양한 형태로 발전하고 있다.

메기이론

- 과거 북해에서 잡은 청어를 런던까지 운송하는 과정에서 많은 청어가 죽어 제값을 받지 못했다. 그런데 한 어부는 청어를 산 채로 운송해서 비싼 값을 받아 팔고 있었는데 그 어부가 사용한 방법은 청어의 천적인 메기 몇 마리를 함께 운송하는 것이었다. 이렇게 운송하는 동안 청어가 위기의식을 갖고 긴장하여 싱싱하게 살아서 도착하게 했다는 데에서 유래한 이론이다.
조직에 긴장감이 사라지고 무사 안일한 태도로 변화나 발전을 하지 않으려고 할 때 구성원에게 강제로 긴장감을 부여해서 서로 경쟁하도록 유도하고 개인과 조직 모두의 발전을 꾀하는 이론이다.

"채찍은 필요 없어 당근만으로 충분해."
독특한 동기부여 법을 통해 업계 최고의 위치까지 오른 일본의 미라이 공업의 창업자 야마다 아키오 씨는 채찍이 아닌 오직 당근만으로 직원들의 의욕을 이끌어 내고 오늘날의 위치에까지 올랐다고 말한다.
당근만으로 동기부여가 되겠느냐는 질문에 그는 인간은 말이 아니므로 채찍은 필요 없고 당근이면 충분하다고 말한다. 직원들을 믿어주면 그만큼 보답하는 것이 인간의 일반적인 특성이기 때문에 채찍이 아닌 당근으로 일하고자 하는 의욕을 끌어올리면 된다고 말한다.

"찰리 채플린 아저씨가 말하고자
했던 것은 인간존중"

> 어느 날 회사의 임직원들이 모여 공장 앞에 일렬로 서서
> 출근하는 직원에게 "고맙습니다, 감사합니다"라고 인사를 지속적으로 하고,
> 이러한 행동에 마음을 연 노조 측은 혼연일체 하여 경영 정상화에 박차를 가했다.
>
> — LG전자의 인간존중 경영 사례

당신, 어디 다녀오는 길이에요?

고등학교 동창 혜숙이 좀 만나고 왔어요.

혜숙 씨면 여의도에 있는 회사에 다니는 친구인가? 지금 부장까지 승진해서 당신이 부럽다고 했던 그 친구.

그 친구가 혜숙이 맞아요. 그런데 지난주에 사표를 냈다네요.

아니 왜? 조건이 나쁘지 않았던 것 같은데, 무슨 문제라도 있대요?

월급도 많이 주고 복리후생제도도 좋은데 스트레스가 엄청나게 심했대요. 실적이 조금만 안 좋아도 회사에 다니기가 힘들 정도였다고 해요.

혜숙 씨가 그동안 견디기 어려웠겠어. 겉보기와는 다르게 인간미가

없는 회사네. 마치 모던 타임즈에 나오는 공장 같은 곳이야.

모던 타임즈에 나오는 공장이요?

모던 타임즈는 찰리 채플린이라는 배우 겸 감독이 1936년 미국에서 무성영화로 개봉하여 엄청나게 인기를 끌었던 작품의 제목이란다.

그 영화에 어떤 장면이 나오는데요?

영화에 나오는 공장은 컨베이어 벨트가 끊임없이 돌아가는 곳이었는데 사람들이 기계처럼 계속 반복된 일만 하는 장면이 나온단다. 그 모습이 웃기면서도 웃을 수만은 없는 큰 메시지가 있는 영화야.

어떤 메시지죠?

영화의 주인공은 나사 조이는 일을 하는데 마치 기계처럼 온종일 계속 나사만 조이지. 나중에는 강박관념이 생겨서 나사처럼 생긴 것만 보면 무조건 조이려고 들어. 결국, 주인공은 정신병원에 가게 돼.
이 영화에서 말하고자 했던 것은 인간존중이야. 사람은 단순히 돈만 받고 정해진 일만 하는 기계가 아니라 인간성과 감수성을 지닌 하나의 인격체라는 의미지.

아빠가 인적자원관리를 잘하려면 복리후생제도나 당근과 채찍, 고래와 메기가 모두 있어야 한다고 하셨는데 그 회사는 당근이나 고래보다는 채찍과 무서운 메기가 더 많이 있었나 봐요.

하하하. 적절한 비유구나. 조직 관리는 사람을 관리하는 것이기 때문에 물건처럼 정해진 대로 움직이지 않는다는 특이점이 있지. 조직을 관리하기 위해서는 무엇보다 사람은 모두 인간성과 감수성을 지닌 인격체라는 점을 항상 먼저 생각하며 인간존중의 마음을 가져야 한단다.

마치 호손실험에서 보여준 작업자의 생산성처럼 말이죠?

와, 우리 미래가 이젠 제법 많이 아는데? 그래. 조직 관리의 핵심은 사람을 소중하게 생각하고 함께 일하는 사람들이 서로 존중하는 것이 우선이야.

아빠, 그러면 어떤 방법으로 사람을 소중히 여기고 서로 존중하는 조직 관리를 할 수 있는 건가요?

우선 함께 일하는 사람들이 동료애가 있어야 하겠지. 한배를 탄 사람이라는 생각과 서로 배려하는 동료애가 있으면 조직 관리는 자연스러워질 수 있어. 그리고 서로 간의 믿음이 있어야 할 테지. 믿음이 있으면 상대방을 신뢰하고 소중히 여기니까. 경영자와 직원, 상사와 부하가 서로 믿고 온 힘을 다해 일하는 것만큼 아름다운 것도 없단다.

제 생각에도 동료애와 믿음이 있다면 서로 배려하고 존중하게 되니까 조직 관리가 자연스러워질 거라고 생각해요.

그래. 마치 아빠가 엄마와 미래를 존중하니까 우리 집이 저절로 관리되는 것과 같은 이치란다.

아빠 지금 자랑하시는 거죠?

아니 꼭 자랑이 아니라, 사실이 그렇지 않니?

당신, 경영학 이야기 한다는 핑계로 기회만 있으면 은근히 자랑을 하는 것 같은데요? 그건 무슨 경영 방법이죠?

이건 자랑경영이라고나 할까? 하하하!

 인간존중의 경영 사례

1. 스타벅스
1990년대 중반, 텍사스의 한 매장 관리자가 강도에 의해 살해되었다는 충격적인 소식을 접한 하워드 슐츠 회장은 그날 밤 비행기를 타고 현장인 텍사스로 향했다. 그리고 그곳에서 사망자의 가족과 현장의 직원들을 위로하며 사망자 가족을 위한 기금을 조성하여 전달했다.
또한, 텍사스 점포를 매각하여 매각한 돈을 사망자의 가족과 아이들 교육을 위해 헌납했다.

2. LG전자
1985년과 1987년 LG전자 창원공장에서는 극심한 노사대립으로 4,500억 원이 넘는 매출손실이 발생했다. 길거리 투쟁, 관리감독자 및 사무직 사원 감금 폭행, 사내 사무실 등 모든 시설물에 스프레이 낙서, 주변 분규회사에 대한 지원 농성 등 걷잡을 수 없을 만큼 회사는 기울어지고 손실이 불어났다.
그러던 어느 날 회사의 임직원들이 공장 앞에 일렬로 서서 출근하는 직원에게 "고맙습니다, 감사합니다"라고 인사를 하고, 이러한 행동에 마음을 연 노조 측은 혼연일체 하여 경영 정상화에 박차를 가했다. 갈등과 대립의 해결책은 '인간존중'이었던 것이다.
현재 LG전자는 다른 회사의 본보기가 될 정도로 훌륭한 수준의 인간존중 문화, 건전한 노사관계를 자랑하고 있다.

가슴 따뜻한 동료애 (2005년 미국 NBC 6의 3월 8일자 보도)

• 플로리다 로더데일 레이크스에 거주하는 베키 하야트는 유방암 치료를 받느라 머리카락이 다 빠져 버렸다. 그런데 어느 날 직장에서 웃음보가 터지는 사건이 발생했다. 직장 동료가 하나씩 자신에게 다가왔는데, 모두 삭발을 했던 것이다.
삭발에 참여한 동료는 모두 8명. 그들은 큰 고통에 시달리며 표정마저 점점 어두워지는 베키에게 힘을 주기 위해 '삭발 응원전'을 계획했던 것이다. 베키는 자신을 응원하기 위한 동료들의 따뜻한 동료애에 깊이 감동했다.

7장
자기경영

"성공적인 인생은
자기경영에서 출발하는군요!"

우리는 누구나 싫든 좋든
자신의 인생을 경영해야 한다.

아빠, 지금까지 경영학 이야기를 너무 재미있게 들었어요! 그런데 고민거리가 생겼어요.

고민이 뭐니? 편하게 말해보렴.

경영학을 생활에 어떻게 적용할 것인지에 대한 문제예요. 아빠가 알려주신 다양한 경영이론과 이야기를 저의 발전을 위해서 사용하고 싶거든요.

그런 일로 고민을 했다니 우리 미래가 참 대견하네. 한 번 생각해보자. 경영은 한정된 자원을 활용해서 목표를 효과적으로 달성할 수 있도록 최선의 의사결정을 하는 것이라고 했는데 기억나니?

물론이죠. 아빠가 떡볶이 가게 아저씨나 삼성이나 모두 경영을 하는 것이라고 말씀하시면서 경영이 무엇인지에 대해서 설명해주셨잖아요.

그래. 잘 기억하고 있구나. 너는 지금 회사나 가게를 경영하는 것이 아니니까 바로 너 자신의 삶을 경영하면 돼. 시간이라는 한정 된 자원을 잘 활용해서 너의 인생을 성공적으로 이끌 수 있도록 최선의 의사결정을 하면 된단다.

제 자신을 경영한다고요?

그래, 바로 '자기경영' 이란다. 누구나 싫든 좋든 자기 자신의 인생을 경영해야 해. 누구는 실패하고 누구는 성공한다는 차이만 있을 뿐 우리는 각자의 인생에서 모두 경영자인 셈이야.

내 삶의 주인공은 자신이기 때문에 자기경영을 잘해야 한다는 말씀이시죠?

그렇지. 누구도 너의 삶을 대신 살아줄 수 없을 뿐만 아니라 대신 경영해줄 수도 없어서 자신의 삶을 성공적으로 이끌기 위해서는 자기경영을 잘해야만 한단다.

그러니까 성공하는 사람과 실패하는 사람의 차이는 바로 자기경영을 제대로 했는지 안 했는지의 차이라는 말씀이시네요?

그렇단다. 미래가 아빠 말을 아주 잘 이해하고 있구나.

그럼, 성공과 실패의 기준은 뭐죠? 어떤 경우가 인생에서 성공한 삶이고, 실패한 삶인가요?

성공과 실패의 기준은 주관적이란다. 사람마다 기준이 조금씩은 다를 수 있다는 의미야. 자신의 꿈을 정하고 그 꿈을 이루는 것이 바로 성공의 핵심이고 성공한 삶이라고 부를 수 있지.

저도 아빠의 말씀이 옳다고 생각해요. 자신의 꿈을 정하고 그 꿈을 이룬 사람은 성공한 사람이고 꿈도 없이 방황하거나 꿈만 꾸고 있는 사람은 실패한 사람이라고 생각해요.

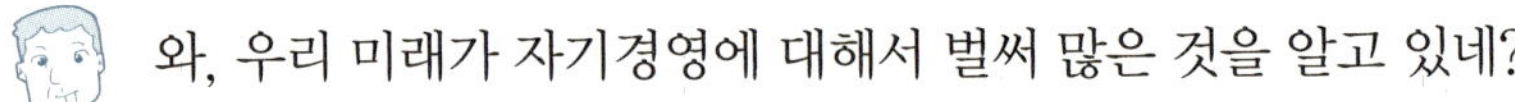

와, 우리 미래가 자기경영에 대해서 벌써 많은 것을 알고 있네?

그럼요. 경영학을 배우고 있는데 이 정도는 해야죠. 아빠, 자기경영을 통해서 성공을 이룬 사람들의 이야기를 듣고 싶어요. 그러면 자기경영이 어떤 것인지 좀 더 확실하게 알 수 있을 것 같아요.

그럴까? 그럼 자기경영을 통해 성공을 이루고 삶을 효과적으로 경영한 사람들의 이야기를 한번 해보자꾸나.

예, 아빠!

 ## 자기경영

- 인생의 목표(꿈)를 정하고 그 목표를 달성하기 위해 한정된 자원(시간)을 효과적으로 활용하여 인생을 성공으로 이끄는 개인의 인생경영을 말한다.

우리는 누구나 싫든 좋든 자신의 인생을 경영해야 한다. 누구도 자신의 삶을 대신 살아줄 수 없을 뿐만 아니라 대신 경영해줄 수도 없어서 자신의 삶을 성공적으로 이끌기 위해서는 효과적인 자기경영을 해야 한다.

종이컵 판매원에서
맥도날드의 주인으로, '레이 크록'

맥도날드 메뉴의 조리법과 시스템 등을 규격화하여
세계 어디를 가도 균일한 맛을 낼 수 있도록 했다.

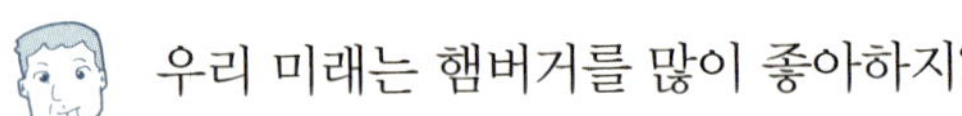 우리 미래는 햄버거를 많이 좋아하지?

그럼요. 출출할 때는 정말 최고죠. 게다가 햄버거 가게는 친구들이랑
이야기하기도 좋고 가격이 저렴해서 저희 같은 학생한테는 없어서는
안 되는 곳이에요.

학원 앞 사거리에 있는 햄버거 가게는 학생이 정말 엄청나게 많더구
나.

맞아요. 정말 사람이 엄청 많아요. 볼 때마다 드는 생각인데요. 햄버
거 가게를 만든 사장님은 누구신지 몰라도 대단한 분 같아요. 사람들
이 이렇게 햄버거나 감자튀김을 좋아하게 될지 어떻게 알았을까요?

그러게 말이다.

아마 큰 회사를 경영하는 돈 많은 부자가 아니었을까요? 큰돈이 없으

면 햄버거 가게를 차려서 경영하기는 어려울 테니까요.

일반적인 경우라면 미래 말이 맞아. 그렇게 큰 가게를 우리나라뿐만 아니라 전 세계 곳곳에 세울 정도면 엄청난 돈이 필요할 테니까 말이야. 그런데 놀랍게도 네가 말한 햄버거 가게를 지금처럼 세계적인 체인점으로 만든 사람은 다름 아닌 종이컵을 판매하던 판매원이었단다.

예? 정말요?

그래. 레이 크록이라는 종이컵 판매원이 현재 세계에서 가장 큰 패스트푸드 회사인 맥도날드를 널리 퍼트린 장본인이야.

와, 어떻게 그런 일이 일어날 수가 있는 거죠?

그야 자기경영이 철저했기 때문이지. 그럼 레이 크록의 성공이야기를 한 번 들어볼래?

기대돼요. 아빠, 얼른 이야기해주세요.

그러마. 레이 크록이라는 사람은 처음엔 종이컵을 팔았고 이후에도 여러 가지 직업을 가졌는데 나이 오십이 넘어서는 믹서기를 판매하기 위해 전국을 돌아다니는 일을 하고 있었단다.

오십이 넘은 나이에 믹서기를 팔러 돌아다녔다고요? 영업이 잘돼서 돈을 많이 버셨나요?

돈이 많은 것과는 전혀 관련이 없었어. 오히려 믹서기 영업이 잘되지 않아 경제적으로 힘든 상태였단다. 그런데 어느 날 가만히 살펴보니 자신의 믹서기를 8대나 구매한 가게가 있다는 것을 알게 되었어. 그 가게는 캘리포니아에 있는 조그마한 가게였지.

조그마한 가게가 믹서기를 왜 8대나 구매한 거죠?

밀크셰이크를 빨리 만들기 위해서였어. 믹서기를 8대나 운영할 정도로 많은 손님들이 가게를 찾았던 것이지. 그 가게가 바로 맥도날드였단다. 가게를 운영하던 맥도날드 형제의 이름을 따서 그렇게 부르고 있었지.

그럼 레이 크록이라는 분은 맥도날드를 처음 만든 사람은 아니었나 보네요?

그렇단다. 레이 크록은 가게를 차릴만한 돈이 없었기 때문에 계속 믹서기 영업에 집중하고 있었지. 맥도날드는 맥도날드 형제가 처음 만든 아주 획기적인 식당이었어.

획기적인 식당이요?

당시만 해도 음식의 크기나 조리법을 규격화하고 메뉴를 단순화해서 최대한 빠른 시간에 손님에게 제공하는 음식점은 어디에도 없었거든. 그때 맥도날드 식당은 햄버거와 치즈버거, 감자튀김과 음료수 등 몇 가지 메뉴만 팔았는데 위생적인 시설과 뛰어난 맛 그리고 빠른 조리법으로 많은 사람을 만족하게 했단다.

와, 그랬군요. 그런데 레이 크록 아저씨는 어떤 역할을 하신 건가요?

레이 크록은 이렇게 획기적인 방법으로 음식을 판매하는 가게에 완벽히 반해버렸고, 그래서 맥도날드 형제에게 프랜차이즈 사업을 제안했어. 프랜차이즈는 전국에 똑같은 가게를 여럿 세우고 사업을 더욱 크게 확장하는 것을 의미한단다.

그래서 어떻게 됐나요?

맥도날드 형제는 처음에는 완강하게 거절했지만 결국 레이 크록의 제안에 동의하고 프랜차이즈 사업을 시작해. 1955년 1호점을 시작으로 1960년까지 200개의 체인점을 개설하고 맥도날드는 계속 성장한단다. 그런데 시간이 지나자 맥도날드 형제는 자신들이 가지고 있는 모든 권리를 레이 크록에게 넘겨주는 대신에 270만 달러라는 엄청난 금액을 요구했어.

270만 달러요? 어느 정도의 금액인지 감이 잘 안와요.

현재 환율로만 해도 30억 원이 넘는 엄청난 금액인데 50년 전이니 지금보다 열 배 스무 배는 더 높은 액수일 거야. 이 엄청난 금액을 조달하기 위해 레이 크록은 투자자들을 설득했고 투자자들은 맥도날드의 빠른 성장을 믿고 자금을 지원해주었단다.

그래서요?

270만 달러를 맥도날드 형제에게 지급하고 드디어 레이 크록이 모든 권리를 손에 넣었지. 그리고 곧이어 햄버거 10억 개 판매의 기록돌파와 함께 맥도날드는 승승장구하기 시작해.

와, 정말 대단해요! 평범한 판매원의 신분에서 세계적인 햄버거 회사의 주인이 된 레이 크록 아저씨의 비결은 뭐죠?

레이 크록은 무엇보다 자기경영을 아주 잘했단다. 우선 믹서기 영업이 잘되지 않던 때에도 쉽게 포기하거나 좌절하지 않았어. 남들 같으면 상황을 비관하거나 무기력해졌을지 몰라도 레이 크록은 그러지 않았지.

맞아요. 안 좋은 상황에서 그대로 주저앉지 않고 계속 무엇인가를 찾고 있었던 것 같아요. 제 생각엔 용기가 대단한 분이세요.

그래. 용기와 결단력이 훌륭했어. 가진 돈이 없었음에도 맥도날드 형제에게 프랜차이즈 사업을 제안한 것만 봐도 알 수 있지. 그리고 과감하게 사업을 추진해서 회사를 크게 확장시킨 점과 맥도날드 형제에게 엄청난 액수를 지급하고 모든 권리를 사온 것도 모두 결단력 없이는 결코 할 수 없는 일이야.

맞아요. 저는 때때로 짜장면 먹을까 짬뽕 먹을까로 한참을 고민하는데 레이 크록 아저씨는 결단력이 정말 대단하세요.

하하하. 갑자기 짜장면하고 짬뽕이 등장하니 웃음이 나오는걸. 그래, 네 말이 맞다. 그런데 또 하나 중요한 것은 레이 크록이 아주 성실하고 꼼꼼했다는 점이야. 아침 일찍 햄버거 판매장을 청소하는 일을 직접 했을 정도로 위생에 각별한 신경을 써서 완벽에 가까울 만큼 관리했다고 해. 게다가 '햄버거 대학' 이라는 것을 만들어 매장 관리자들을 대상으로 서비스교육을 꾸준하게 시행했다고 한단다. 1961년에 서비스교육에 신경을 썼으니 얼마나 앞서 가는 경영자였는지를 알 수 있지.

와, 그러네요. 1961년엔 대부분의 음식점들이 위생보다는 가격이나 양으로 경쟁하려고 했을 것 같은데 말이에요.

레이 크록은 가치, 품질, 서비스, 위생과는 절대 타협할 수 없다고 말했고, 타협하지 않으면 최고가 될 수 있다고 했어. 정말 확고한 경영자의 자세를 지녔지.

정말 알면 알수록 대단한 분이세요. 결단력과 성실성 그리고 뛰어난 아이디어까지! 배울 점이 참 많네요.

그렇지? 장사가 잘되면 보통은 자신도 모르게 안이한 마음이 생겨서 대충하게 되지만 레이 크록은 자기경영을 통해 사업을 더욱 견고하게 이끌고 나갔어. 그러니까 미래 너도 꿈을 실현하기 위해서는 절대로 타협해서는 안 되는 것이 있는 거야. 그것을 확고하게 지켜나간다면 반드시 성공할 수 있단다.

네! 앞으로 저는 나태함이나 다양한 핑계거리 그리고 쉽게 실망하는 태도와는 결별할 거예요. 그리고 성실성, 실천력, 긍정적인 마음을 조금이라도 흔드는 것과는 절대로 타협하지 않을래요.

우리 미래가 정말 대단한 결심을 했구나. 레이 크록 아저씨도 깜짝 놀라시겠는 걸? 그럼 아빠가 레이 크록이 했던 소중한 말 중에 자기경영을 아주 잘 설명한 몇 가지를 알려줄게. "무엇인가를 믿고 그것을 더 열심히 믿는다면 실패란 불가능하다.", "운이란 땀 흘린 대가다. 더 많이 땀을 흘린다면 더 많은 행운이 따라올 것이다." 이런 말들로 레이 크록이 자기경영을 통해 자신의 삶을 성공적으로 이끌었음을 알 수 있지.

와, 멋진 말이네요. 사실 햄버거를 먹으면서도 여기에 이런 흥미로운 이야기와 명언이 숨어 있을지 미처 생각 못했어요.

레이 크록의 꿈을 향한 도전과 뛰어난 결단력 그리고 경영능력은 배울 점이 참 많아. 그러니까 우리 미래도 자기경영에 많은 도움을 받길 바란다.

정말 많은 도움이 됐어요. 앞으로는 햄버거를 먹을 때마다 레이 크록 아저씨의 이야기가 떠오를 것 같아요.

하하하. 그래도 너무 많이 먹지는 마라. 한국 사람한테는 햄버거보다 밥이 훨씬 좋으니까. 레이 크록 아저씨의 자기경영은 많이 먹어도 좋지만, 햄버거는 적당히 먹어야 한다. 알겠지?

네, 그럴게요. 아빠!

 레이 크록 (Ray Kroc, 1902~1984, 미국, 맥도날드를 세계화한 장본인)

- 어렸을 적 음료수와 악기장사를 시작하여 종이컵 판매원, 믹서기 장사까지 안 해본 일이 없을 정도로 다양한 경험을 했다. 믹서기 사업에 많은 시간과 돈을 투자했지만, 나이가 50이 넘어섰을 때까지도 장사는 신통치 못했다.

그러던 어느 날 남들과 달리 자신의 믹서기를 8대나 구매한 캘리포니아의 한 가게를 찾아가게 되고 그곳에서 맥도날드 형제를 만난다. 맥도날드 형제가 운영하는 가게는 햄버거와 밀크셰이크 그리고 감자튀김을 주로 팔고 있었는데 손님들이 문전성시를 이루고 있는 모습을 보고 레이 크록은 큰 호기심을 가진다.

자세히 살펴보니 이 매장에서는 규격화한 제품과 위생적인 시설 그리고 무엇보다 빠른 속도로 음식을 내오는 과정이 일사천리로 이루어지고 있었다. 이런 모습에 레이 크록은 다시 한 번 큰 충격에 빠지고 그 길로 맥도날드 형제에게 프랜차이즈 사업을 제안한다. 이때 레이 크록의 나이는 52세였으며 당뇨병과 관절염을 앓고 있어 건강상태도 좋지 않았다고 한다.

이후, 레이 크록의 집념과 노력에 힘입어 1955년 맥도날드 프랜차이즈 1호점을 시작으로 1960년까지 200개의 체인을 추가로 개설한다. 그리고 이 무렵 맥도날드 형제는 그전까지 받고 있던 0.5%의 로열티(200개의 매장에서 벌어들이는 총매출의 0.5%)가 아닌 270만 달러를 지급하면 맥도날드의 모든 권리를 레이 크록에서 넘기겠다고 말한다. 레이 크록은 투자자를 설득해서 270만 달러의 자금을 만들어 내고 1961년 맥도날드를 완전히 인수한다.

1961년에는 햄버거 대학이라는 것을 설립하여 매장의 책임자들에게 지속적으로 서비스와 관련교육을 강화하여 남보다 앞서 가는 경쟁력을 확

보하였다. 1966년에는 햄버거 20억 개를 판매하며 성공에 박차를 가한
다. 20억 개의 햄버거는 일렬로 줄을 세우면 지구를 5.4바퀴 도는 어마
어마한 양이다.

이후, 모든 맥도날드 메뉴의 조리법과 시스템 등을 규격화하여 세계 어
디를 가도 균일한 맛을 낼 수 있도록 했으며 현지에 적합한 메뉴를 개발
해 각 나라의 사람들이 좋아할 만한 맛으로 경쟁하여 성공을 거두고 있
다. 한국에서는 불고기버거, 캐나다에서는 바닷가재 메뉴가 있으며 독일
에서는 맥주도 판매한다.
2008년을 기준으로 맥도날드의 총수입은 200억 달러가 넘고, 120개국
에 3만 1,000개 이상의 매장이 있는 것으로 확인된다. 5시간마다 매장
이 하나씩 생기고 있다는 통계도 있다. 정크 푸드의 주범이라는 비난이
계속되고 있지만, 아직도 많은 사람이 매장을 제 발로 찾고 있으며 사업
은 오히려 더욱 순조롭게 진행되고 있다.

프랜차이즈(francise)

• 단어 그대로의 뜻은 '독점판매권'을 의미한다.
  제품과 서비스에 대한 독창적인 기술과 방법을 보유하고 있는 기업이 소
  매점을 모집하여 그 소매점이 정해진 지역 내에서 독점판매권을 갖고 영
  업을 할 수 있도록 보장하는 대가로 일정한 수수료를 받는 형태의 소매
  영업을 말한다.
  청소년들이 쉽게 접하는 프랜차이즈로는 맥도날드, 피자헛, 롯데리아 등
  이 대표적이다.

초등학교 중퇴에서 그룹회장으로, '마쓰시타 고노스케'

마쓰시타 고노스케는 어려운 환경 속에서도
긍정적인 마음을 잃지 않고 자신의 꿈을 이룬
대표적인 자기경영의 성공인물이다.

아빠, 제 친구 하나 아시죠?

응, 알지. 왜 그러니?

하나가 몸이 안 좋아서 병원에 입원했는데 회복하려면 한 달이 넘게 걸린대요. 그래서 내일 친구들이랑 문병 가려고요.

저런, 안됐구나. 문병 가서 많이 위로해 주고 재미있게 해주고 오렴.

그러려고요. 그런데 하나가 참 대단해요. 몸이 그렇게 아픈데도 항상 밝고 긍정적이에요.

정말 대단하구나. 몸이 아프면 대부분 의욕이 떨어지고 부정적으로 되기 쉬운 데 말이다.

하나는 다르더라고요. 의지가 강하고 마음도 참 따뜻해요. 제가 보기

에는 하나가 몸은 허약하지만, 자기경영은 누구보다도 잘하고 있어
요.

진짜 대견하네. 하나가 너희 학교의 마쓰시타 같은 인물인가보다.

마쓰시타요? 그분은 누구죠?

마쓰시타 고노스케라는 분인데, 내셔널과 파나소닉으로 잘 알려진
일본의 대표 기업 마쓰시타 그룹의 창업자란다. 몸이 상당히 허약한
체질에다가 집이 몹시 가난해서 학업은 초등학교 4학년을 겨우 마치
고 중퇴했지.

그룹 회장을 하시려면 무쇠 체력에 엘리트가 되어야 할 것 같은데,
어떻게 그런 일이 가능했던 거죠?

바로 자기경영 때문이지.

역시, 자기경영이 중요하군요.

그렇단다. 마쓰시타 회장은 육체적으로나 환경적으로나 모두 열악한
환경 속에서 자랐지만 스스로 역경을 잘 이겨냈거든. 초등학교를 중
퇴하고는 어린 나이에 상점에서 일을 시작했고 17세가 되어서는 시
멘트 회사의 운반원을 거쳐 전등회사에 취직했는데 일을 아주 잘해
서 스물두 살이 되던 해에 검사원으로까지 승진했단다.

이야기가 점점 재미있어지는데요? 아빠, 계속 얘기해주세요.

하지만 몸이 허약해서 회사를 더 다니기 어려웠어. 그래서 초고속 승
진까지 한 회사였지만 회사를 떠나서 평소에 구상하고 연구했던 전
기소켓을 판매하는 사업을 시작했지. 그런데 사업은 생각만큼 쉽지
않았어. 미래 너도 잘 알겠지만, 경영은 쉬운 일이 아니지.

그래서 포기했나요?

그럴 리가 있니? 마쓰시타는 결코 포기하지 않고 아내와 처남의 힘을 빌려 마쓰시타 전기기구 제작소를 설립해. 이후 자체개발한 전기 플러그 등이 연달아 인기를 얻으면서 회사가 조금씩 성장하기 시작했단다. 그 후로 국가적인 위기가 있어서 1930년대 말에는 경영이 크게 위축되었지만 1950년대에 전기제품의 수요가 늘면서 회사가 크게 성장해서 오늘날 일본을 대표하는 기업이 되었지.

와, 정말 성공적인 경영을 했네요. 그러면 마쓰시타 회장은 어떻게 자기경영을 한 거죠? 어떤 방법으로 했기에 초등학교 중퇴에 허약한 체질과 가난했던 환경을 모두 극복하고 일본 최고의 기업 중 하나를 이끄는 사람이 될 수 있었나요?

마쓰시타 회장은 누구보다도 긍정적인 사고를 지닌 사람이었어. 자신의 성공비결을 묻는 말에 "집이 가난했기 때문에 어려서부터 힘든 일을 하며 세상을 알 수 있었고, 배운 것이 없었기 때문에 남의 말에 귀 기울일 줄 알았으며, 허약한 아이였기 때문에 운동하며 건강에 더 신경 쓸 수 있었습니다"라고 말했단다.

보통 사람이라면 집이 가난하여 배우지도 못했고 게다가 몸도 약해서 아무것도 할 수 없었다고 말했을 텐데요.

그래. 자기가 처해있는 상황을 비관하기보다는 긍정적인 마음을 통해 상황을 바꾸어 나갔고 자신을 훌륭하게 경영했어. 만약 비관과 원망으로 살았다면 자기경영에도 실패하고 그룹 회장은 꿈도 꾸지 못했을 거야.

긍정적인 마음을 통해 환경을 극복하고 성공을 이룬 마쓰시타 회장님이 정말 존경스러워요.

이뿐만이 아니란다. 마쓰시타 회장은 사람을 중시하는 경영방식을 통해 탁월한 경영성과를 이루어냈기에 일본에서는 '경영의 신'으로 까지 불리고 있어. 일화를 하나 소개해 볼게. 1929년 미국에 대공황이 발생하면서 세계경제에 어두운 그림자가 밀려오기 시작하지. 일본도 그 여파가 어느 나라보다도 크게 발생했는데 마쓰시타도 예외가 아니었지. 경기가 안 좋으니 소비가 줄어들고 마쓰시타의 제품도 잘 팔리지 않아 재고가 계속 쌓였어. 그래서 마쓰시타 회장은 직원들을 모아 놓고 당시의 어려운 상황을 그대로 알려주고 근무시간과 생산량을 절반으로 줄이겠다는 조치를 발표하게 된단다.

직원들의 사기가 땅에 떨어졌겠네요. 근무시간도 줄이고 생산량도 줄이면 월급도 줄일 수밖에 없었을테니까요.

하지만 마쓰시타 회장은 월급을 전액 지급하겠다고 약속해. 직원들의 사기도 문제지만 직원들의 가족도 어려워진다는 생각에 그렇게 한 거야.

아빠, 그러면 회사의 이익보다 고정비용이 더 많이 들어가서 경영이 어려워지지 않을까요?

물론 그렇지. 하지만, 이런 마쓰시타 회장의 배려에 감동한 직원들은 가족까지 동원해가면서 주말에도 판매에 나서기 시작했어. 그 많던 재고를 두 달 만에 모두 판매하고 공장은 다시 정상가동에 들어갈 수 있었단다.

와, 감동이네요! 아빠가 사람들의 마음을 좋은 방향으로 움직이는 것이 동기부여라고 하셨는데 정말 대단한 동기부여라고 생각해요. 마쓰시타 회장님 최고예요!

하하하. 녀석. 하나 더 이야기해야겠구나. 아빠가 기업의 사회적 책임에 대해서도 말했었는데 생각나니?

당연하죠. 나쁜 회사와 착한 회사가 있다는 말씀 기억나요.

마쓰시타 회장은 차세대 인재양성을 위해 '마쓰시타 정경숙'이라는 인재양성소를 개인 사재를 털어 건립하고 사회에 필요한 인재를 배출하는데도 크게 기여했단다.

허약하고 배운 것 없고 가난했던 한 아이가 이렇게 대단한 성공을 하고 존경받는 인물이 되기까지 꾸준한 자기경영이 있었다는 것을 다시 한 번 알게 되었어요. 아빠, 다른 이야기가 있으면 좀 더 해주세요.

그래, 그러자. 우리 미래가 아빠 말에 귀 기울여 주니 힘이 절로 나는데?

마쓰시타 고노스케 (1894~1989, 일본, 마쓰시타그룹의 창업자)

• 1894년 일본 와카야마 현에서 태어났다.
남보다 약한 체력과 잦은 병치레, 가난한 가정환경으로 초등학교 4학년 때 중퇴한다. 그리고 일찌감치 가게 점원과 시멘트 회사 운반직으로 일하며 사회생활을 시작한다.
1910년 오사카 전등회사에 입사하여 공원, 검사원으로서의 경력을 쌓았으며, 1917년에 퇴사하여 전기 소켓의 제조, 판매에 착수하였다. 1918년 마쓰시타 전기기구 제작소를 창업하지만 직원은 자신의 부인과 처남이 전부였다. 이때 함께 일한 처남은 이후 산요(SANYO)의 창업자가 된다. 마스시타는 독자적인 경영이념과 수완으로 사업의 급속한 확충에 성공하였다.

1935년 회사조직으로 전환한 마쓰시타전기산업(주)은 국외 주요 도시로 진출하여 세계 굴지의 가전제품 제작ㆍ판매회사가 되었다. 상표인 '내셔널(National)'과 파나소닉(Panasonic)은 세계적으로도 유명하다.
그 밖에 기업홍보지 〈PHP: Peace and Happiness through Prosperity〉를 통해 사상적 계몽운동에 이바지하였고, 인재양성을 위해 사재를 털어 '마쓰시타 정경숙'을 설립하여 사회에 공헌한다.
마쓰시타 고노스케는 어려운 환경 속에서도 긍정적인 마음을 잃지 않고 자신의 꿈을 이룬 대표적인 자기경영의 성공인물이다.
가난하기 때문에 힘든 일을 하며 세상을 배웠고, 못 배웠기 때문에 남의 말에 귀 기울일 줄 알았으며 몸이 허약했기 때문에 운동하며 건강에 더 신경을 썼다는 말을 통해서 그가 얼마나 긍정적으로 자신이 처한 환경을 개척하고 새로운 환경으로 만들어 나갔는지를 알 수 있다.

공장 청소부에서 글로벌 중장비회사의 CEO로, '제임스 데스페인'

아무리 하찮은 일이라 할지라도 어떤 마음을 먹고
어떻게 처리하느냐가 곧 성공의 열쇠다.

 미래야, 나와 보렴. 삼촌 오셨다.

 와, 삼촌 회사 취직하시더니 인물이 확 바뀌셨는데요?

 나야 원래 잘 생겼는데 여기서 인물이 더 살면 곤란하지.

 히히. 진심이에요. 더 멋있어지셨어요.

 하하. 괜히 쑥스러워지네. 아무튼, 미래야 고맙다.

 어, 왔구나. 그래 회사생활은 어때? 할 만하니?

 예. 아주 만족하고 있습니다. 배울 것이 많아서 무조건 열심히 하고 있어요.

 그래, 너는 성실하고 똑똑하니까 뭐든 잘할 수 있을 거야. 회사생활

에 만족한다고 하니 형 마음이 다 뿌듯하다. 장기적으로 계획을 잘 세워서 실력도 키우고 네 꿈도 이루기 바란다.

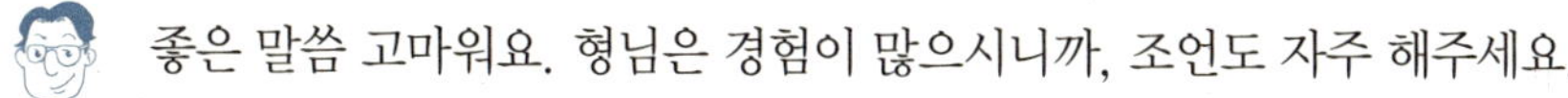

좋은 말씀 고마워요. 형님은 경험이 많으시니까, 조언도 자주 해주세요.

그러마. 네 나름의 꿈이나 포부가 있을 것 같은데 어디 한번 듣고 싶구나.

비록 지금은 말단사원이지만 20년 후 우리 회사의 CEO가 될 거예요. CEO가 돼서 말단사원까지 챙겨주고 다 함께 목표를 이루는 즐거움을 맛보고 싶어요.

꿈을 크게 갖고 목표를 단계적으로 성취하면 반드시 될 거야.

삼촌, CEO가 되신다고요? 와 멋져요! 삼촌 다니시는 회사가 엄청 큰 회사잖아요. 그러면 경쟁도 엄청 심하겠네요?

삼촌은 내 자신과의 경쟁에서 이기는 것만 생각하려고 해. 너희 아빠가 삼촌한테 항상 해주셨던 말씀이 바로 자기경영이야. 나를 경영해서 나를 이기면 언젠가는 CEO가 되어 있거나 적어도 비슷한 사람이 되어 있을 거라고 생각해.

삼촌 말이 맞다. CEO가 된다는 큰 꿈을 갖고 자기경영을 꾸준히 한다면 원하는 바를 달성할 수 있을 거야. 공장 청소부에서 세계최대의 중장비 회사 CEO가 된 제임스 데스페인의 사례를 보면 얼마든지 가능하다는 것을 알 수 있지.

제임스 데스페인요?

제임스 데스페인요?

둘 다 왜 그렇게 놀라니?

공장 청소부였던 사람이 세계 최대의 중장비 회사 CEO가 될 수 있다는 사실이 믿기지 않아서요.

믿기지 않겠지만 사실이란다. 그럼 그 이야기를 잠시 해볼까?

네, 얼른 해주세요.

형님, 저도 듣고 싶네요.

제임스 데스페인이라는 분은 세계 최대의 중장비 회사인 카터필라의 불도저 사업부 CEO를 하셨던 분이야. 그는 광산마을에서 태어나 광부였던 아버지의 엄한 가르침 속에서 어린시절을 보내. 학업성적이 우수한 편이 아니라 대학에 진학하지 못하고 16살 때 결혼을 해서 일찌감치 가족부양에 대한 부담이 있었지. 하지만, 항상 마음속에 두고 있던 꿈이 있었는데 그것은 바로 '캐터필러' 라는 중장비 회사에서 일해 보는 것이었어.

그분은 자신이 원하는 꿈이 있었군요. 꿈을 가지는 것이 자기경영의 첫 단추잖아요.

옳은 말이다. 제임스 데스페인은 아버지가 그토록 입사하고 싶었지만 결국 들어가지 못했던 중장비 회사 캐터필러에서 일하고 싶어 했어. 캐터필러는 대기업이라서 복리후생 제도가 좋았고 급여도 높았기 때문에 가족을 부양하며 안정적인 생활을 할 수 있었기 때문이야.

그래서 캐터필러라는 회사에 지원서를 내고 면접을 봤나요?

그렇단다. 떨리는 마음으로 지원서를 내고 결국 면접을 보게 되는데 그 자리에서 면접관에게 언제부터 출근할 수 있느냐는 이야기를 듣게 돼. 바로 합격이었지. 믿기지 않지만 정말 자신의 꿈이 이루어진 거야. 하지만, 데스페인이 해야 할 일은 대걸레와 빗자루를 들고 다니며 공장 바닥에 떨어진 쇳가루를 치우는 일이었어.

실망이 상당히 컸겠네요. 꿈에 그리던 회사에는 들어갔지만, 청소부로 일하는 것을 원하지는 않았을 테니까요.

아니, 데스페인은 실망하지 않았단다. 그는 자신이 원하던 회사에서 일할 수 있다는 것이 너무나 즐거웠어. 그래서 청소도 아주 성실하게 하고 상관과 동료에게도 예의를 갖추며 생활했어. 이렇게 자신의 일에 철저하면서도 예의 바른 데스페인의 행동을 본 감독관은 한 단계 승진을 시켜준단다.

그럼, 청소부 일은 그만두고 전혀 다른 일을 시작했겠네요?

그렇지는 않단다. 데스페인이 청소부에서 한 단계 승진한 후 맡은 업무는 물탱크 담당자였어. 그 일도 지저분하기는 마찬가지였다고 해. 물탱크를 막고 있는 이물질을 제거하고 기름지고 더러운 것을 빼내서 말리는 일이었거든. 하지만, 데스페인은 물탱크 담당자의 역할도 아주 성실하게 잘 해냈단다.

청소부였을 때의 일하는 태도가 물탱크 담당자가 되어서도 그대로 이어지는군요. 그래서 그분은 물탱크 담당자로 계속 일했나요?

아니야, 이번에도 감독관의 인정을 받아 한 단계 더 승진해서 엔진블록을 다루는 부서의 기계 담당자로 임명돼. 역시 그 일에서도 특유의 성실성을 발휘해 인정을 받지.

와, 청소부였던 사람이 한 단계씩 올라가면서 계속 성공을 만들어 가네요. 그럼 그 이후로는 임원도 되고 바로 CEO가 됐겠네요.

아니란다. 데스페인에게 순탄한 길만 있었던 것은 아니야. 작업하다 깨진 유리가 눈에 박히는 사고로 크게 다치기도 하고, 수치를 잘못 계산해서 작업을 망치는 바람에 회사에 큰 손실을 입히기도 했거든. 결국, 이 일로 데스페인은 회사에서 해고를 당하게 돼버려.

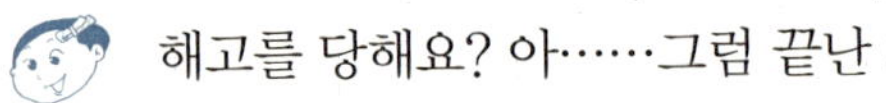 해고를 당해요? 아……그럼 끝난 거네요.

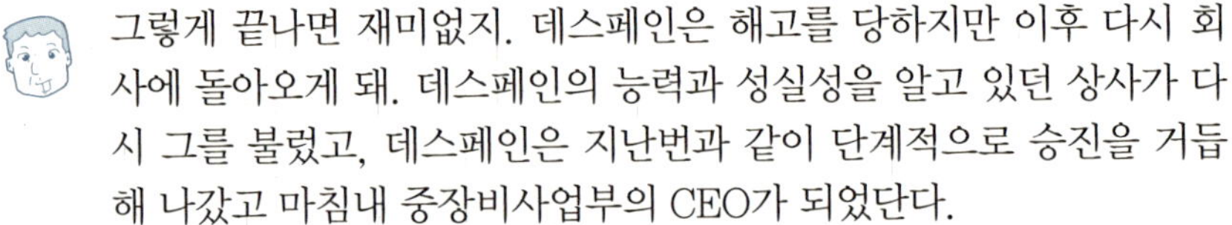 그렇게 끝나면 재미없지. 데스페인은 해고를 당하지만 이후 다시 회사에 돌아오게 돼. 데스페인의 능력과 성실성을 알고 있던 상사가 다시 그를 불렀고, 데스페인은 지난번과 같이 단계적으로 승진을 거듭해 나갔고 마침내 중장비사업부의 CEO가 되었단다.

회사원이라면 누구나 마음에 와 닿을 만한 이야기인 것 같아요. 아주 평범한 직원이 결국 세계적인 중장비 회사의 CEO가 될 수 있었던 원동력은 무엇이었을까요?

미래는 데스페인의 원동력이 무엇이라고 생각하니?

음, 성실성을 바탕에 둔 자기경영이라고 생각해요.

옳은 말이다. 자신에게 주어진 일이 비록 초라하고 보잘것없을지라도 자기경영을 통해 작은 성공을 계속 만들어 나간다면 큰 성공에 이를 수 있다는 것을 보여준 훌륭한 사례야.

저도 아빠 말씀에 동의해요.

형님이 말씀해주신 제임스 데스페인이라는 분의 이야기를 들으니 저 역시 아주 작은 일이라 할지라도 철저하게 배우고 노력한다면 제가 원하는 꿈을 이룰 수 있으리라는 확신이 드네요.

천릿길도 한 걸음부터라는 말이 있지? 우리 모두 성실하게 자신의 일을 하고 작은 것부터 단계적으로 실천한다면 큰 성공까지 꼭 도달할 수 있을 거야. 그런 의미에서 우리 모두 힘내자!

네, 아빠!

형님, 저도 힘낼게요!

제임스 데스페인 (James Despain, 미국, 캐터필러사의 전직 CEO)

• 세계최대의 중장비 회사인 캐터필러(CATERPILLAR)에 공장 청소부로 입사해서 회사의 가장 큰 사업부 중 하나인 불도저 사업부의 CEO까지 승진한 전설적인 인물이다.

미국 일리노이 중부의 광산마을에서 태어나 광부였던 아버지의 엄격함 아래 성장한 그는 학교 성적이 우수한 편이 아니라 대학에 진학하지 못하고, 16세에 결혼하여 이른 나이에 가족을 부양한다.

아버지가 항상 일하고 싶어 했던 회사 '캐터필러'에 입사하는 것이 꿈이었던 그는 결국 면접을 통해 캐터필러에 입사하지만 처음으로 맡은 보직은 공장 바닥을 청소하는 청소부였다. 작은 일도 성실하게 처리하는 태도를 인정받기 시작하면서 물탱크 담당자, 엔진 블록 담당자로 계속 승진하게 된다. 그러던 어느날 수치를 잘못 계산하는 실수로 인해 제품을 잘못 생산하고 끝내 회사에서 해고를 당한다.

이후 극적으로 회사에 다시 복직하여 예전 같은 성실함으로 주변 사람들의 인정을 받는다. 그러나 직장동료의 사업동참 제안에 회사를 다시 떠나고 새로운 일터에서 공장장의 자리를 거쳐 본격적인 감독관과 관리자의 경험을 쌓는다.

그 후로 캐터필러의 재입사 제안이 이어지고 그는 캐터필러에서 공장근로자가 아닌 관리자로 승승장구하여 결국 중장비사업부의 CEO가 되기에 이른다.

제임스 데스페인의 사례를 통해 우리는 자신이 처한 현실을 긍정적으로 생각하고 맡은 일을 철저하게 완수하는 것이 성공의 첫걸음임을 알 수 있다. 아무리 하찮은 일이라도 어떤 마음을 먹고 어떻게 처리하느냐가 곧 성공의 열쇠며, 성공이라는 결과는 결국 자기경영을 통해 이루어질 수 있다.

출처: 《CEO가 된 청소부》 제임스 데스페인 저, 거름, 2004

복싱선수에서 세계 최고의 건축가로,
'안도 다다오'

안도 다다오가 설계한 건축물인 제주도 서귀포 섭지코지에 있는
'글라스하우스'는 유리와 콘크리트의 조화를 통해
자연과의 만남을 추구한 특징을 가지고 있다.

와, 드디어 제주도 바닷가에 도착했다! 엄마, 저기 보이는 멋진 건물 좀 보세요!

어머, 어쩜 저렇게 멋지니? 서귀포 해변에 저렇게 근사한 유리건물이 있는 줄 몰랐네. 저 유리건물은 누가 설계했을까?

분명히 엄청나게 똑똑하고 대단한 분이 하셨을 거예요. 아빠, 저 멋진 건물은 어떤 건축가가 설계하신 거죠?

저 건물은 공업고등학교를 졸업하고 복싱선수 출신인 사람이 설계한 '글라스하우스'란다.

예? 복싱선수가 저 건물을 설계했다고요?

여보, 그게 정말이에요? 공업고등학교를 나오고 복싱선수였던 사람이 저렇게 훌륭한 건물의 설계자라는 거예요?

그럼, 내가 왜 거짓말을 하겠어. 공업고등학교를 졸업하고 복싱선수였던 안도 다다오라는 건축가가 설계한 건물이야. 자기경영이 꿈을 이루게 해준다는 건 당신도 알죠?

그럼요, 알죠. 그래도 워낙 놀라워서 입이 다물어지지가 않네요.

아빠, 저 멋진 글라스하우스를 설계하신 안도 다다오라는 분의 이야기 좀 해주세요.

그래, 들어보렴. 안도 다다오는 1941년 일본 오사카에서 태어났어. 일란성 쌍둥이의 형으로 태어난 안도 다다오는 목조건물이 밀집한 동네에서 살았는데 동네에는 목공소가 많아서 자연스럽게 그의 놀이터가 되었다고 해.

그때부터 건축과 인연이 시작된 거네요?

맞아. 아주 작은 인연이 시작된 거야. 그는 건축을 본격적으로 공부해야겠다는 생각을 하지는 않았어. 왜냐하면, 주로 외할머니와 함께 생활했던 안도 다다오는 대학까지 진학할 만큼 풍족하지도 않았고, 공부에 흥미를 느끼지 못했을 뿐만 아니라 늘 싸움을 하고 다닐 정도로 문제가 많았거든.

그때까지는 자기경영이 제대로 이루어지지 않았던 거네요.

그렇단다. 자기경영하고는 거리가 멀었지. 이후에 안도 다다오는 공업고등학교에 들어갔고 일찍 사회에 나와 돈을 벌어야 한다는 의무감도 있었어. 그러다 고등학교 2학년 때 복싱선수로 성장해 정식 프로 복싱선수가 되었단다.

건축하고는 아무런 관련이 없는 분야에서 일을 시작하네요?

그래. 아무런 관련이 없었지. 안도 다다오가 복싱선수로서 자질이 부족하다는 것을 절실하게 느낀 어느 날, 자신의 놀이터나 다름없었던 목공소와 그곳에서 일하는 목수들을 떠올리다가 건축가가 되기로 마음먹는단다.

아하, 그렇게 건축가의 첫걸음을 시작했군요!

그래. 자신이 원하는 꿈이 생긴 거야. 안도 다다오는 작은 규모로 건축 사업을 시작했는데 조금씩 주문이 들어오고 경험도 차츰 축적해 갔어. 그렇게 모은 돈으로 7년 동안 세계 각지를 돌아다니면서 유명한 건축가들의 작품을 살펴보고 밤새도록 책을 보며 독학으로 실력을 쌓아나가기 시작했지.

7년 동안 세계 각지를 돌아다니며 독학을 했다면 자기경영 없이는 불가능했을 거예요. 보통 힘든 일이 아니었을 텐데 의지가 대단하다는 생각이 드네요.

아빠도 그렇게 생각한단다. 건축에 대한 기초지식 없이 공부했으니 주변 사람들도 비관적으로 보았을 것이고 우습게 생각하는 사람도 많았을 거야. 하지만 안도 다다오는 건축가가 되는 것에 인생을 걸기로 마음먹고 자신의 이름을 딴 안도다다오 건축연구소를 설립했어. 그리고 그가 설계한 오사카의 건물이 일본건축학회상을 받았단다.

와, 멋져요! 자기경영을 하며 힘든 독학을 하고 결국 건축학회에서 주는 상까지 받게 되다니. 정말 대단하네요.

응, 대단하지. 안도 다다오의 이름은 점점 퍼져 나갔고 많은 교회와 절, 박물관 등을 설계하면서 명성을 계속 쌓아나갔어. 그리고 마침내 건축계의 노벨상이라고 할 수 있는 프리츠커상을 받으면서 일약 세계적인 건축가의 자리에 올랐지.

그 분 작품의 어떤 점이 그렇게 많은 사람으로부터 좋은 평가를 받는 거죠?

안도 다다오의 작품은 자연과 건물이 하나가 되는 것, 콘크리트를 이용한 파격적인 건축방식으로 아주 유명해. 자연과 콘크리트는 어울리기에는 너무도 다른 성질을 가지고 있는데도, 안도 다다오는 훌륭한 조화를 이루어 내는 능력을 갖추고 있어. 안도 다다오의 이런 건축방식은 세계적인 주목을 받을 만했고 그의 뛰어난 재능에 예일, 하버드, 콜롬비아 대학에서도 교수로 초빙했지.

알면 알수록 대단한 성공을 계속 만들어 내는군요.

그렇지? 아빠도 알면 알수록 안도 다다오가 참 대단하다는 생각이 든다. 미래가 보기에 안도 다다오가 보여준 자기경영의 교훈은 무엇이라고 생각하니?

포기하고 싶었던 적도 분명히 많았을 텐데 끝까지 꿈을 위해 노력한 의지가 대단하다고 생각해요. 그리고 무엇보다 자신이 결심한 것을 즉각 실행에 옮긴 것이 인상적이에요. 그러니까 실천하는 힘이 교훈 아닐까요?

우리 미래가 이제는 핵심정리도 아주 잘하는데? 그래 네 말이 옳다. 누구나 결심하는 사람은 많아. 그런데 실천에 옮기는 사람은 아주 드물단다. 안도 다다오가 비록 전직 복싱선수로서 건축하고는 아무런 상관이 없는 분야에서 일을 시작했지만, 그는 자신이 결심한 것을 즉각 실행에 옮김으로써 성공을 스스로 만들어 간 거야.

자기경영을 한다는 것은 결심을 실천에 옮기고 꾸준하게 유지하는 것이군요? 아무리 힘든 상황이 와도 용기를 잃지 않고 자기와의 싸움에서 이기는 사람이 자신의 꿈을 이룰 수 있다는 것을 안도 다다오의 사례를 통해서 다시 한 번 배우게 됐어요. 아빠, 그럼 안도 다다오 아저씨는 지금 어떤 일을 하고 계시나요?

여전히 왕성한 작품 활동을 하고 있단다. 지금까지 150건이 넘는 작품을 설계했고 마르지 않는 아이디어와 열정으로 오늘도 자신의 꿈을 계속 완성해 나가고 있단다.

아빠, 저기 보이는 글라스하우스를 그런 대단한 분이 설계했다고 생각하니 감회가 새롭네요. 자기경영이 꿈을 이루게 해주고 한 사람의 인생을 성공으로 이끌어 준다는 것을 또 한 번 느꼈어요.

여보, 우리 글라스하우스에 가서 커피 한 잔 해요.

그럽시다. 글라스하우스에서 안도 다다오를 한 번 더 생각해 봅시다.

와, 저도 찬성이에요!

 **안도 다다오** (1941년 9월 13일 출생, 일본 복서출신의 세계적인 건축가)

- 1941년 일본 오사카시에서 태어났다.
후리츠 죠토 공업고등학교 재학시절 프로권투선수 자격을 얻어 복서로 활동했다. 그러나 복서로서의 재능에 한계를 느낀 그는 건축 관련 사업을 시작했고 1962년부터 1969년까지 세계 각지를 여행하면서 독학으로 건축을 배웠다.
세계적으로 유명한 프랑스의 건축가 '르코르뷔지에'의 건축에 흥미를 느껴 건축 공부를 시작했다. 1969년 안도 다다오 건축 연구소를 설립해 오사카에 있는 '스미요시의 연립 주택'으로 일본건축학회상을 받았다.
1980년대 이후에는 미술관, 공공건물, 교회나 절을 많이 지었으며 세계적으로 명성을 얻었다. 이후 콜롬비아, 예일, 하버드 대학교의 교수로 초빙되어 활동했으며 2003년 도쿄대학에서 정년퇴임을 하여 현재는 명예교수로 임명되어 있다.

그의 건축은 자연과의 조화가 두드러진다. 물과 빛을 이용한 건축이 매우 유명하며 대표적인 작품으로는 '물의 교회', '물의 절' 그리고 '빛의 교회'가 있다. 이렇듯 물, 빛, 바람, 나무, 하늘 등 자연은 그의 건축물과 긴밀하게 결합하고 있다. 또한, 투명한 소재인 유리와 노출 콘크리트를 많이 사용함으로써 간결하고 단순하지만 차갑지 않은 느낌을 주고, 자연과 더 가까워질 수 있게 하는 매력을 갖추고 있다.
안도 다다오 건축의 또 다른 큰 특징은 건축 작품이 기하학적으로 완벽하다는 것이며 이는 그가 평소에 존경하던 '르코르뷔지에'의 영향을 많이 받은 것으로 보인다.

안도 다다오를 통해 우리는 자신의 꿈을 정하는 것도 중요하지만 꿈을 실현하기 위해 직접 실천하는 것이 얼마나 중요한지를 배울 수 있다. 아무리 좋은 결심과 뚜렷한 목표를 가지고 있다고 하더라도 그 꿈을 위해 과감하게 도전하고 끊임없이 실천하지 않으면 꿈은 결국 머릿속 상상만으로 끝나버리는 것이 대부분이다.
꿈을 꾸기만 하는 사람이 될 것인지 아니면 꿈을 현실로 만들어 내는 사람이 될 것인지의 차이는 바로 안도 다다오의 경우처럼 포기하지 않고 노력하며 실천하는 자세일 것이다.

• 대표적인 건축물은 제주도 서귀포 섭지코지에 있는 '글라스하우스'다. 안도 다다오가 설계한 이 건축물은 유리와 콘크리트의 조화를 통해 자연과의 만남을 추구한 특징을 지닌다. 보는 이들마다 아름답고 산뜻한 건물이라는 칭찬을 아끼지 않는 이 건축물은 안도 다다오 작품의 특성을 엿볼 수 있을 뿐만 아니라 제주도의 새로운 명소이기도 하다.

※ 출처: 《나, 건축가 안도 다다오》 안도 다다오 저, 안그라픽스, 2009.

네 손가락의 장애아에서 마음을 울리는 피아니스트로, '이희아'

<blockquote>
자신에게 주어진 것에 감사하기보다는 부족한 점을 원망하는 태도와
긍정적인 면을 보기보다는 부정적인 면에 집착하는 태도는
자기경영의 가장 큰 적이라는 점을 알아야 할 것이다.
</blockquote>

 엄마, 오늘 공연 어땠어요?

 아주 좋았어. 우리 미래랑 함께 보니까 더 좋더라. 미래는 어땠니?

 저도 정말 좋았어요. 이희아 독주회는 항상 기다려져요.

 엄마도 그렇단다. 볼 때마다 느끼는 것이지만 정말 대단하다는 생각이 들어. 신체적인 장애를 극복하고 이토록 훌륭한 연주를 할 수 있다는 것이 믿어지지가 않아.

 맞아요! 얼마나 철저하게 자기경영을 하면서 살아왔는지 느낄 수 있어요.

 그렇지? 자신을 훌륭하게 이끈 자기경영이 없었다면 이희아 씨는 피아니스트가 될 수 없었을 거야. 자, 그럼 이희아 씨의 이야기를 해볼까?

아빠 잠깐만요! 이제 저도 자기경영에 대해서는 확실히 알아요. 게다가 저는 이희아 언니의 왕 팬이기 때문에 이번에는 제가 이야기하고 싶어요.

좋은 의견이구나. 우리 미래가 아빠에게 자기경영에 대해 이야기를 해준다면 아빠도 정말 기쁠 것 같은데? 여보, 우리 함께 미래의 이야기를 들어 봅시다.

그래요, 여보. 미래야 말해보렴.

이희아 언니는 1985년 간호사였던 엄마와 군인이었던 아빠 사이에서 태어났어요. 당시 아빠는 육군 소위였는데 도주하는 간첩을 추격하던 중 차량이 전복되면서 척추손상으로 하반신이 마비됐대요.

저런, 그럼 부인은 어떻게 만나게 된 거니?

휠체어에 앉아 절망의 시간을 보낼 때 지금의 아내인 이희아 언니의 엄마를 만나요. 희아 언니의 엄마는 그 당시 희아 언니의 아빠가 입원해 있던 보훈병원의 간호사였는데 환자와 간호사의 관계로 처음 알게 된 것이죠.

그렇게 첫 만남이 이루어졌구나.

네. 두 분은 환자와 간호사의 관계를 넘어 서로 사랑에 빠지게 되고 결혼까지 결심했어요. 그런데 희아 언니의 아빠가 하반신 마비여서 두 분 사이에 아이가 생기는 것이 거의 불가능했다고 하더라고요. 희아 언니의 부모님은 아이가 생기리라고는 전혀 생각지도 못했다고 해요.

그랬었구나. 그런데 아이가 생겼으니 엄청나게 기뻤겠네?

두 분 모두 아이가 들어서리라고 생각지 못했기 때문에 그 무렵 희아 언니의 엄마는 몸이 힘들어지고 감기 증상이 생기자 임신 사실을 모른 채 약을 먹었다고 해요. 그런데 아무리 약을 먹어도 낫지 않자 뒤늦게 임신했다는 사실을 알게 돼요.

저런, 그랬구나. 그래서 어떻게 된 거니?

황급하게 병원을 찾아 검사를 해보았는데 초음파 검사를 통해 살펴본 아이의 모습은 정상이 아니었어요. 손과 발이 모두 자라다 말았고 손가락도 제대로 확인할 수 없었죠. 충격과 고민에 빠진 희아 언니의 엄마는 큰 결심을 하셨어요.

어떤 결심을 하셨니?

고귀한 생명을 지울 수 없다는 결론이에요. 종교적인 이유도 있었지만, 무엇보다 어렵게 생긴 아이인 만큼 소중하게 키우고 싶으셨대요. 그래서 장애가 있다는 것을 알면서도 큰 문제가 되지 않았어요.

아주 소중하고 아름다운 결심을 하셨구나.

네, 그렇게 이희아 언니는 태어났어요. 그러나 손가락이 양손을 합쳐 모두 네 개밖에 없는 선천적인 장애는 물론이고 다리까지 제대로 자라지 않아 걸음걸이도 쉽지 않았어요. 새 식구를 얻었다는 기쁨도 컸지만, 앞으로 이겨나가야 할 세상이 커다랗게 놓여 있었던 거예요.

같은 엄마로서 어떤 어려움이 놓여 있었을지 공감이 가네.

희아 언니의 엄마는 연필 쥘 힘이라도 키워보자고 여섯 살 때 희아 언니에게 피아노를 가르쳤대요. 그렇지만 쉽게 피아노를 배우기가 어려웠대요. 손가락이 네 개밖에 없어서 양손의 화음을 맞추는 것이 무엇보다 힘들었는데 하루에 10시간씩 연습하며 6개월을 노력한 끝에 겨우 양손의 화음을 맞출 수 있었다고 해요.

하루에 10시간씩 6개월을? 그 어린 나이에…… 정말 이희아 씨와 어머님 모두 대단하다는 생각밖에 안 드는구나.

사실 처음에는 엄마의 힘이 더 대단했어요. 희아 언니는 연습하느라 손가락에 피가 안 나는 날이 없을 정도였다고 해요. 그래서 피아노를 하지 않겠다며 울면서 애원했대요. 하지만 엄마는 피아노를 포기하면 다른 일도 포기하게 될 것이고 그러면 앞으로 어떤 것도 할 수 없을 것이라는 점을 희아 언니에게 설명하셨대요. 드디어 희아 언니도 피아노 연주로 승부를 겨뤄보겠다는 결심을 해요. 바로 꿈이 생긴 거죠.

자기경영의 출발을 위해선 꿈이 있어야 하는데 이제 확실하게 출발점에 선거야.

네, 맞아요. 엄마의 끈질긴 노력과 희아 언니의 의지와 재능이 합쳐져서 피아노 연습을 계속했더니 피아노를 혼자 칠 수 있을 만큼 손가락 힘도 생기고 연주 실력도 조금씩 늘어났어요. 그리고 일곱 살이 되던 해에 전국학생음악 연주평가대회에서 최우수상을 받으며 두각을 나타내기 시작해요.

와, 정말 대단하구나. 손가락 힘을 키우기 위해 시작한 피아노 연주라고 하지만 자기경영이 없었다면 중간에 쉽게 포기했을 텐데 말이다.

저도 그렇게 생각해요. 그런데 이희아 언니는 장애를 불편한 것으로는 여겼지만 절망할 만한 것으로는 생각하지 않았어요. 그래서 포기하지 않고 긍정적인 마음으로 노력을 지속할 수 있었고 좋은 결실을 보기 시작한 거예요.

참 대단하다는 말 밖에는 나오지 않는구나.

희아 언니는 성격이 정말 밝고 긍정적이에요. 자신의 장애에 대해 한 번은 이런 말을 한 적이 있었어요. "만약 열 개의 손가락을 가지고 태어났다면 아무도 신기하게 보지 않았을 거예요. 네 개의 손가락을 가

지고 태어났기 때문에 많은 사람에게 감동을 줄 수 있게 된 거죠. 그
래서 저는 보물 손가락을 주신 신께 정말 감사드려요."

엄마는 눈물이 다 나는구나. 이희아 씨의 세상을 바라보는 시각이 참
긍정적이고 밝구나.

몸도 불편한데 팬들의 요구에 일일이 포즈를 취해주고 사인도 해주
는 열정과 에너지가 어디서 나오는지 정말 놀라워요. 지금은 우리나
라뿐만 아니라 일본과 세계 각지를 돌아다니며 많은 사람에게 아름
다운 피아노 연주를 들려주고, 할 수 있다는 희망의 메시지도 함께
전하는 소중한 일을 하고 있어요.

아빠도 보고 배울 점이 너무나 많구나. 자기경영을 통해 포기하지 않
고 밝고 긍정적인 마음으로 장애를 극복한 이희아 씨가 존경스럽다.

저도 희아 언니를 볼 때마다 많은 걸 느껴요. 가지고 있는 것에는 감
사하지 못하고 상황을 탓하거나 부족한 것에 더 큰 불만을 느끼는 사
람들을 보면서 만약 희아 언니였다면 어떻게 행동했을까를 생각해봤
어요. 솔직히 제가 부끄러워지기도 하고 너무 의지가 약한 것이 아닌
가 반성도 해요.

우리 미래가 이희아 언니를 정말 많이 좋아하는구나? 희아 언니로부
터 더 많은 것을 배우고 느끼고 행동으로 옮긴다면 자기경영에 성공
해서 네가 원하는 꿈을 이룰 수 있을 거야.

그래. 우리 미래도 지금 상당히 잘하고 있어요. 자기 경영에 대해서
엄마하고 아빠한테 이야기해줄 정도가 됐는데 이 정도면 진짜 대단
한 거야.

그럼요, 우리 미래가 참 대견해요.

정말이죠? 앞으로는 제 꿈에 한 걸음 더 다가가는 자기경영 청소년이

될 거예요. 꼭 지켜봐 주세요!

 하하하. 고맙다. 우리 미래, 잘해라!

 미래야, 엄마도 응원할게. 열심히 하렴.

이희아 (1985년 출생, 대한민국 피아니스트)

- 육군 소위였던 아버지와 보훈병원 간호사였던 어머니 사이에서 태어났다. 아버지는 군에서 입은 사고로 하반신 마비가 되었고 병원에서 어머니를 만나 결혼하게 된다. 둘 사이에는 아이가 생기기 어려운 상황이었으므로 이희아의 엄마는 임신 사실을 미처 알지 못한 채 감기인 줄로만 알고 감기약을 계속 복용한다. 이후 병이 낫지 않자 임신했음을 직감하고 병원의 진단을 받아본 결과 뱃속의 아이가 정상이 아님을 확인한다. 그러나 고귀한 생명에 대한 소중함과 종교적인 신념을 바탕으로 아이를 낳기로 하고 이희아가 태어났다.

태어났을 때 두 손을 합쳐 손가락이 총 네 개에 불과했고 다리는 다 자라지 않아 무릎 아래가 없는 1급 장애였다. 이희아의 어머니는 처음에는 연필 쥘 힘이라도 키워보자는 생각에 피아노를 가르치기 시작했다.
하지만 개인지도교사를 구하는 것이 상당히 힘들었고 어렵게 개인지도교사를 구했지만, 손가락이 부족해 양손의 화음을 맞추는 것도 불가능했다. 그러나 엄마의 노력과 이희아의 의지로 하루에 10시간씩 약 6개월을 연습해 피아노 연주를 할 수 있게 된다.
7살에 전국학생 음악연주 평가대회에서 비장애인을 이기고 최우수상을 받으며 재능을 보인다. 그러나 거듭되는 혹독한 연습과 연주의 난도가 높아질수록 느끼는 좌절감으로 이희아는 피아노를 포기하고 싶어하고 절대로 포기는 안 된다는 어머니와의 갈등이 깊어진다. 결국 피아노를 포기하면 아무것도 할 수 없다는 어머니의 말에 수긍하여 본격적인 피아노 연주자의 길로 들어선다.

현재 이희아는 연주회로 많은 팬을 확보하고 있으며 한국과 일본 그리고 다른 여러 국가에 초청되어 많은 사람에게 희망을 선물하는 소중한 일을 하고 있다. 손가락이 네 개이기 때문에 사람들에게 감동을 줄 수 있으므로 네 개의 손가락으로 태어나게 해주신 하느님께 감사하다는 이희아 씨의 말은 우리로 하여금 많은 것을 생각하게 해준다.
자신에게 주어진 것에 감사하기보다는 부족한 점을 원망하는 태도와 긍정적인 면을 보기보다는 부정적인 면에 집착하는 태도는 자기경영의 가장 큰 적이라는 점을 알아야 할 것이다. 이희아 씨의 아름다운 이야기를 통해서 우리가 얼마나 훌륭한 조건 속에서 생활하고 있는지를 다시 한 번 생각해 보았으면 한다.

※ 출처: 《네 손가락의 피아니스트 희아의 일기》 이희아 저, 파랑새어린이, 2003.

청소년 경영학을 한눈에

아빠, 지금까지 경영학에 대한 이야기와 많은 인물의 사례까지 정말 가슴 벅찬 시간이었어요. 정말 고마워요!

고맙다는 말을 들으니 아빠도 힘이 나는구나. 그런데 중요한 것은 지금까지 아빠가 한 말을 잊지 말고 머릿속에 담아두는 것이야. 그리고 더 중요한 것은 행동으로 옮기는 것이란다.

네, 잘 알겠어요. 그런데 솔직히 처음부터 끝까지 다 기억할 자신은 없어요. 벌써 까먹은 것도 있는 걸요.

그럼 정리하는 의미에서 아빠가 열 가지만 질문을 해볼 테니까 미래가 메모해둔 것과 기억해 둔 것을 모두 동원해서 답변해보렴.

좋아요. 아빠, 준비됐어요!

그럼 첫 번째 질문이다. 경영이란?

한정된 자원을 활용하여 목표를 효과적으로 달성할 수 있도록 최선의 의사결정을 하는 것!

제법인데? 좋아, 그럼 두 번째 질문이다. 경영학이란?

잠깐만요! 갑자기 조금 헷갈리네요. 아, 경영학이란 경영을 과학적, 체계적으로 연구하여 조직이 목표를 효과적, 효율적으로 달성할 수 있도록 도움을 주는 응용학문이자 통합학문이에요!

좋았어! 아빠가 경영자가 되기는 쉬워도 경영을 잘하기는 어렵다고 했는데 생각나니?

물론이죠! 경영이 어려워서 기업의 생명도 생각보다 짧다고 하셨는 걸요.

그렇다면, 우리나라에서 100년을 넘긴 기업은 총 몇 개일까?

음……, 10개요!

땡! 3개란다. 어떤 회사인지는 처음부터 다시 한 번 살펴보렴. 자, 그럼 바로 네 번째 질문으로 들어간다. 경영자가 누구인지에 따라 기업의 성공과 실패가 결정된다고 했지? 조직을 올바른 방향으로 이끌어 가는 지도자로서의 능력은?

리더십!

좋았어! 브랜드란?

솔직히 이건 뭔지는 알지만, 말로 표현하기가 참 어렵네요.

그래, 사실 좀 어려울 수도 있단다. 브랜드는 상표라는 뜻이고, 특정 기업의 상품이라는 것을 명시하기 위한 명칭이나 표지로 주로 사용하지만, 특정 제품의 가치를 부여하여 차별화를 꾀하는 전략으로도 사용한단다. 간단히 말해서 다른 것과 구별되는 나름의 가치를 지닌 상표라고 생각하면 돼.

그러니까 제가 특정 브랜드의 운동화를 좋아하는 이유가 바로 그 제품이 다른 운동화와 구별되는 나름의 가치를 지녔기 때문이라는 말씀이시죠?

그렇지. 자, 그럼 이제 다섯 번째 질문이다. 단기간에 고객의 반응을 이끌어내고 판매 효과를 높이기 위해 벌이는 촉진 활동은?

어, 그게 그러니까……

질문에 답이 다 나와 있어. 잘 생각해봐.

판촉! 무료샘플, 공짜시식, 경품행사 이런 것들이 모두 판촉활동이라고 하셨어요!

옳지! 이어서 여섯 번째 질문이다. 사람들이 제품과 서비스에 대한 정보를 서로 전달하고 퍼트리고 공유함으로써 얻게 되는 효과는?

구전효과요! 예를 들어서 아이돌 스타의 스캔들 같은 뜬소문이 사람들의 입을 타고 엄청나게 빨리 퍼지는 효과를 말해요! 물론 이건 부정적인 효과지만요.

맞았어! 이제 일곱 번째다. 생산성을 향상하기 위해 작업자의 시간과 동작을 연구하고 그 연구를 기초로 작업수행과정에서 최선의 길을 찾고자 했던 이론은?

프레데릭 테일러의 과학적 관리론!

잘하는데? 이번엔 하나의 기업이 다른 기업의 경영권을 얻기도 하고,

둘 이상의 기업이 하나의 기업으로 합쳐지는 것은?

인수와 합병이요! 회사도 사고, 팔 수 있다고 말씀하셨어요.

그렇지! 이제 여덟 번째다. 특정한 목적을 달성하기 위해 둘 이상의 사람이 모여 서로 협력하는 체제는?

쓴맛? 아니, 조직이요!

하하하. 그래, 조직은 쓴맛이 아니라고 했지? 조직, 정답이다!

아빠, 빨리 아홉 번째요!

이번에는 주관식이란다. 동기부여란?

사람들의 행동을 특정한 방향으로 유도하기 위해 동기를 제공하고 자극하는 것!

예를 들면?

제가 아침에 일찍 일어나면 용돈을 올려주시겠다고 하신 아빠의 약속이나 회사에서 보너스와 복지시설 등을 늘려주는 것이요!

용돈 이야기가 나오니까 까먹지 않는구나. 하하하. 자, 이제 열 번째다. 인생의 목표를 정하고 그 목표를 달성하기 위해 한정된 자원을 효과적으로 활용해서 인생을 성공으로 이끄는 개개인의 인생경영을 뜻하는 것은?

자기경영이요!

그래, 이제 마지막 문제야. 이건 응용문제니까 미래의 생각을 편하게 얘기해보렴. 자기경영을 위해서 미래가 지금 당장 시작해야 할 것은 무엇일까?

솔직히 저는 빨리 어른이 되고 싶은 마음이 많았어요, 어른이 되면
중간고사나 기말고사를 안 봐도 되고 매일 학교에 가지 않아도 된다
는 생각을 했거든요.

그런데?

그런데 어른이 된다고 하더라도 지금 자기경영을 제대로 해두지 않
으면 큰 의미가 없을 것 같아요. 마치 경영자가 되기는 쉬워도 성공
적인 경영을 하기는 어려운 것처럼 말이에요. 자기 인생을 누가 대신
경영해주는 것이 아니라는 것은 아빠가 알려주신 레이 크록이나 마
쓰시타 고노스케 그리고 이희아 언니의 이야기를 통해서 충분히 이
해했어요. 내일부터 저는 제 하루하루의 시간을 낭비 없이 쓸 생각이
에요. 그리고 긍정적인 마음으로 자기경영을 멈추지 않을 거예요.

좋은 생각이다. 아빠도 우리 미래하고 엄마한테 실망스러운 모습 보
이지 않도록 열심히 자기경영을 할 테니 우리 함께 노력하자!

네, 아빠!

맺음말

　꿈과 희망을 품고 세상을 향해 도전해야 할 첫 번째 계단에 서 있는 청소년 여러분!

　이제 여러분은 매일 하루의 소소한 일상과 사회가 운영되는 원리의 중심에는 경영이 있다는 것을 알게 되었습니다.
　또한, 성공한 많은 사람과 이름이 알려진 기업의 중심에도 효과적인 경영이 뒷받침되었다는 것을 배웠습니다.

　무심코 선택한 음료수에서 마음 깊이 간직한 여러분의 꿈까지. 그 모든 것은 경영의 원리에 의해 선택되거나 이루어질 것입니다.

　여러분이 당연하다고 생각했던 현실과 일상이 결코 우연으로 주어진 것이 아니라, 경영의 원리와 결과에 따라 여러분 앞에 등장한 것이라는 사실을 잊지 마세요.

　오늘부터 여러분의 하루하루를 효과적으로 경영하고 충실하게 보냄으로써 스스로 상상했던 미래를 현실로 만들어 가기 바랍니다. 청소년기라는 한정된 자원을 잘 활용해서 성공적으로 경영한다면 여러분의 앞날은 행복이라는 단어가 어울릴 만한 예쁜 그림으로 등장할 것입니다.

　꿈, 시간, 가족, 친구, 일상 모두를 소중히 여기기 바랍니다.

그대가 자신을 스스로 경영하는 멋진 청소년임을 믿는,

저자 **심 윤 섭**